GRöLS Verlage

„Bücher sind wie Fallschirme. Sie nützen uns nichts, wenn wir sie nicht öffnen."

**Gröls Verlag**

## Redaktionelle Hinweise und Impressum

Das vorliegende Werk wurde zugunsten der Authentizität sehr zurückhaltend bearbeitet. So wurden etwa ursprüngliche Rechtschreibfehler *nicht* systematisch behoben, denn kleine Unvollkommenheiten machen das Buch – wie im Übrigen den Menschen – erst authentisch. Mitunter wurden jedoch zum Beispiel Absätze behutsam neu getrennt, um den Lesefluss zu erleichtern.

Um die Texte zu rekonstruieren, werden antiquarische Bücher von Lesegeräten gescannt und dann durch eine Software lesbar gemacht. Der so entstandene Text wird von Menschen gegengelesen und korrigiert – hierbei treten auch Fehler auf. Wenn Sie ebenfalls antiquarische Texte einreichen möchten, finden Sie weitere Informationen auf www.groels.de

Viel Freude bei der Lektüre wünscht Ihnen das Team des Gröls-Verlags.

**Adressen**

Verleger: Sophia Gröls, Im Borngrund 26, 61440 Oberursel

Externer Dienstleister für Distribution & Herstellung: BoD, In de Tarpen 42, 22848 Norderstedt

**Unsere „Edition | Werke der Weltliteratur“** hat den Anspruch, eine der größten und vollständigsten Sammlungen klassischer Literatur in deutscher Sprache zu sein. Nach und nach versammeln wir hier nicht nur die „üblichen Verdächtigen“ von Goethe bis Schiller, sondern auch Kleinode der vergangenen Jahrhunderte, die – zu Unrecht – drohen, in Vergessenheit zu geraten. Wir kultivieren und kuratieren damit einen der wertvollsten Bereiche der abendländischen Kultur. Kleine Auswahl:

**Francis Bacon** • Neues Organon • **Balzac** • Glanz und Elend der Kurtisanen • **Joachim H. Campe** • Robinson der Jüngere • **Dante Alighieri** • Die Göttliche Komödie • **Daniel Defoe** • Robinson Crusoe • **Charles Dickens** • Oliver Twist • **Denis Diderot** • Jacques der Fatalist • **Fjodor Dostojewski** • Schuld und Sühne • **Arthur Conan Doyle** • Der Hund von Baskerville • **Marie von Ebner-Eschenbach** • Das Gemeindekind • **Elisabeth von Österreich** • Das Poetische Tagebuch • **Friedrich Engels** • Die Lage der arbeitenden Klasse • **Ludwig Feuerbach** • Das Wesen des Christentums • **Johann G. Fichte** • Reden an die deutsche Nation • **Fitzgerald** • Zärtlich ist die Nacht • **Flaubert** • Madame Bovary • **Gorch Fock** • Seefahrt ist not! • **Theodor Fontane** • Effi Briest • **Robert Musil** • Über die Dummheit • **Edgar Wallace** • Der Frosch mit der Maske • **Jakob Wassermann** • Der Fall Maurizius • **Oscar Wilde** • Das Bildnis des Dorian Grey • **Émile Zola** • Germinal • **Stefan Zweig** • Schachnovelle • **Hugo von Hofmannsthal** • Der Tor und der Tod • **Anton Tschechow** • Ein Heiratsantrag • **Arthur Schnitzler** • Reigen • **Friedrich Schiller** • Kabale und Liebe • **Nicolo Machiavelli** • Der Fürst • **Gotthold E. Lessing** • Nathan der Weise • **Augustinus** • Die Bekenntnisse des heiligen Augustinus • **Marcus Aurelius** • Selbstbetrachtungen • **Charles Baudelaire** • Die Blumen des Bösen • **Harriett Stowe** • Onkel Toms Hütte • **Walter Benjamin** • Deutsche Menschen • **Hugo Bettauer** • Die Stadt ohne Juden • **Lewis Caroll** • *und viele mehr….*

# Heinrich von Kleist

# Penthesilea

Ein Trauerspiel

Tübingen 1808

## Inhalt

## Personen:

**Penthesilea**, Königinn der Amazonen.

**Prothoe**, **Meroe** und **Asteria**, Fürstinnen der Amazonen.

**Die Ober-Priesterinnen der Diana**

**Achilles**, **Odysseus**, **Diomedes** und **Antilochus**, Könige des Griechenvolks.

**Griechen** und **Amazonen**

*Scene: Schlachtfeld bei Troja.*

## Erster Auftritt.

*Odysseus und Diomedes (von der einen Seite) Antilochus (von der andern) Gefolge (treten auf)*

Antilochus.
Seyd mir gegrüßt, ihr Könige! Wie geht's,
Seit wir zuletzt bei Troja uns gesehn?

Odysseus.
Schlecht, Antiloch. Du siehst auf diesen Feldern,
Der Griechen und der Amazonen Heer,
Wie zwei erboste Wölfe sich umkämpfen:
Beim Jupiter! sie wissen nicht warum?
Wenn Mars entrüstet, oder Delius,
Den Stecken nicht ergreift, der Wolkenrüttler
Mit Donnerkeilen nicht dazwischen wettert:
Todt sinken die Verbißnen heut noch nieder,
Des einen Zahn im Schlund des anderen.
Schafft einen Helm mit Wasser!

Antilochus. Element!
Was wollen diese Amazonen uns?

Odysseus.
Wir zogen aus, auf des Atriden Rath,
Mit der gesammten Schaar der Myrmidonen,
Achill und ich; Penthesilea, hieß es,
Sei in den scyth'schen Wäldern aufgestanden,
Und führ' ein Heer, bedeckt mit Schlangenhäuten.
Von Amazonen, heißer Kampflust voll,
Durch der Gebirge Windungen heran,
Den Priamus in Troja zu entsetzen.
Am Ufer des Skamandros hören wir,
Deiphobus auch, der Priamide, sei
Aus Ilium mit einer Schaar gezogen;

Die Königinn, die ihm mit Hülfe naht,
Nach Freundesart zu grüßen. Wir verschlingen
Die Straße jetzt, uns zwischen dieser Gegner
Heillosem Bündniß wehrend aufzupflanzen;
Die ganze Nacht durch windet sich der Zug.
Doch, bei des Morgens erster Dämmerröthe,
Welch ein Erstaunen faßt' uns, Antiloch,
Da wir, in einem weiten Thal vor uns,
Mit des Deiphobus Iliern im Kampf
Die Amazonen sehn! Penthesilea,
Wie Sturmwind ein zerrissenes Gewölk,
Weht der Trojaner Reihen vor sich her,
Als gält es über'n Hellespont hinaus,
Hinweg vom Rund der Erde sie zu blasen.

**Antilochus.**
Seltsam, bei unserm Gott!

**Odysseus.** Wir sammeln uns,
Der Trojer Flucht, die wetternd auf uns ein,
Gleich einem Anfall keilt, zu widerstehen,
Und dicht zur Mauer drängen wir die Spieße.
Auf diesen Anblick stutzt der Priamide;
Und wir, im kurzen Rath beschließen, gleich,
Die Amazonenfürstinn zu begrüßen:
Sie auch hat ihren Siegeslauf gehemmt.
War je ein Rath einfältiger und besser?
Hätt' ihn Athenä, wenn ich sie befragt,
In's Ohr verständiger mir flüstern können?
Sie muß, beim Hades! diese Jungfrau, doch,
Die wie vom Himmel plötzlich, kampfgerüstet,
In unsern Streit fällt, sich darin zu mischen,
Sie muß zu Einer der Parthein sich schlagen;
Und uns die Freundinn müssen wir sie glauben,
Da sie sich Teukrischen die Feindinn zeigt.

**Antilochus.**
Was sonst, beim Styx! Nichts anders giebt's.

**Odysseus.** Nun gut.
Wir finden sie, die Heldinn Scythiens,
Achill und ich – in kriegerischer Feier
An ihrer Jungfraun Spitze aufgepflanzt,
Geschürzt, der Helmbusch wallt ihr von der Scheitel,
Und seine Gold- und Purpurtroddeln regend,
Zerstampft ihr Zelter unter ihr den Grund.
Gedankenvoll, auf einen Augenblick,
Sieht sie in unsre Schaar, von Ausdruck leer,
Als ob in Stein gehau'n wir vor ihr stünden;
Hier diese flache Hand, versichr' ich dich,
Ist ausdrucksvoller als ihr Angesicht:
Bis jetzt ihr Aug auf den Peliden trifft:
Und Glut ihr plötzlich, bis zum Hals hinab,
Das Antlitz färbt, als schlüge rings um ihr
Die Welt in helle Flammenlohe auf.
Sie schwingt, mit einer zuckenden Bewegung,
– Und einen finstern Blick wirft sie auf ihn –
Vom Rücken sich des Pferds herab, und fragt,
Die Zügel einer Dien'rinn überliefernd,
Was uns, in solchem Prachtzug, zu ihr führe.
Ich jetzt, wie wir Argiver hoch erfreut,
Auf eine Feindinn des Dardanervolks zu stoßen;
Was für ein Haß den Priamiden längst
Entbrannt sei in der Griechen Brust, wie nützlich,
So ihr, wie uns, ein Bündniß würde sein;
Und was der Augenblick noch sonst mir beut:
Doch mit Erstaunen, in dem Fluß der Rede,
Bemerk' ich, daß sie mich nicht hört. Sie wendet,
Mit einem Ausdruck der Verwunderung,
Gleich einem sechzehnjähr'gen Mädchen plötzlich,

Das von olymp'schen Spielen wiederkehrt,
Zu einer Freundinn, ihr zur Seite sich,
Und ruft: solch einem Mann, o Prothoe, ist
Otrere, meine Mutter, nie begegnet!
Die Freundinn, auf dies Wort betreten, schweigt,
Achill und ich, wir sehn uns lächelnd an,
Sie ruht, sie selbst, mit trunk'nem Blick schon wieder
Auf des Äginers schimmernde Gestalt:
Bis jen' ihr schüchtern naht, und sie erinnert,
Daß sie mir noch die Antwort schuldig sei.
Drauf mit der Wangen Roth, war's Wuth, war's Schaam,
Die Rüstung wieder bis zum Gurt sich färbend,
Verwirrt und stolz und wild zugleich: sie sei
Penthesilea, kehrt sie sich zu mir,
Der Amazonen Königinn, und werde
Aus Köchern mir die Antwort übersenden!

**Antilochus.**
So, Wort für Wort, der Bote, den du sandtest;
Doch keiner in dem ganzen Griechenlager,
Der ihn begriff.

**Odysseus.** Hierauf unwissend jetzt,
Was wir von diesem Auftritt denken sollen,
In grimmiger Beschämung gehn wir heim,
Und sehn die Teukrischen, die unsre Schmach
Von fern her, die hohnlächelnden, errathen,
Wie im Triumph sich sammeln. Sie beschließen
Im Wahn, sie seien die Begünstigten,
Und nur ein Irrthum, der sich lösen müsse,
Sei an dem Zorn der Amazone Schuld,
Schnell ihr, durch einen Herold, Herz und Hand,
Die sie verschmäht, von neuem anzutragen.
Doch eh' der Bote, den sie senden wollen,
Den Staub noch von der Rüstung abgeschüttelt,

Stürzt die Kenthaurinn, mit verhängtem Zügel,
Auf sie und uns schon, Griech' und Trojer, ein,
Mit eines Waldstroms wüthendem Erguß
Die Einen, wie die Andern, niederbrausend.

**Antilochus.**
Ganz unerhört, ihr Danaer!

**Odysseus.** Jetzt hebt
Ein Kampf an, wie er, seit die Furien walten,
Noch nicht gekämpft ward auf der Erde Rücken
So viel ich weiß, giebt es in der Natur
Kraft blos und ihren Widerstand, nichts Drittes.
Was Glut des Feuers löscht, lös't Wasser siedend
Zu Dampf nicht auf und umgekehrt. Doch hier
Zeigt ein ergrimmter Feind von beiden sich,
Bei dessen Eintritt nicht das Feuer weiß,
Ob's mit dem Wasser rieseln soll, das Wasser
Ob's mit dem Feuer himmelan soll lecken.
Der Trojer wirft, gedrängt von Amazonen,
Sich hinter eines Griechen Schild, der Grieche
Befreit ihn von der Jungfrau, die ihn drängte,
Und Griech' und Trojer müssen jetzt sich fast,
Dem Raub der Helena zu Trotz, vereinen,
Um dem gemeinen Feinde zu begegnen.
*(Ein Grieche bringt ihm Wasser.)*
Dank! Meine Zunge lechzt.

**Diomedes.** Seit jenem Tage
Grollt über dieser Ebne unverrückt
Die Schlacht, mit immer reger Wuth, wie ein
Gewitter, zwischen waldgekrönter Felsen Gipfeln
Geklemmt. Als ich mit den Ätoliern gestern
Erschien, der unsern Reihen zu verstärken,
Schlug sie mit Donnerkrachen eben ein,

Als wollte sie den ganzen Griechenstamm
Bis auf den Grund, die Wüthende, zerspalten.
Der Krone ganze Blüthe liegt, Ariston,
Astyanax, von Sturm herabgerüttelt,
Menandros, auf dem Schlachtfeld da, den Lorbeer,
Mit ihren jungen, schönen Leibern groß,
Für diese kühne Tochter Ares, düngend.
Mehr der Gefangnen siegreich nahm sie schon,
Als sie uns Augen, sie zu missen, Arme,
Sie wieder zu befrein, uns übrig ließ.

**Antilochus.**
Und Niemand kann, was sie uns will ergründen?

**Diomedes.**
Kein Mensch, das eben ist's: wohin wir spähend
Auch des Gedankens Senkblei fallen lassen.
– oft, aus der sonderbaren Wuth zu schließen,
Mit welcher sie, im Kampfgewühl, den Sohn
Der Thetis sucht, scheint's uns, als ob ein Haß
Persönlich wider ihn die Brust ihr füllte.
So folgt, so hungerheiß, die Wölfinn nicht,
Durch Wälder, die der Schnee bedeckt, der Beute,
Die sich ihr Auge grimmig auserkohr,
Als sie, durch unsre Schlachtreihn, dem Achill.
Doch jüngst, in einem Augenblick, da schon
Sein Leben war in ihre Macht gegeben,
Gab sie es lächelnd, ein Geschenk, ihm wieder:
Er stieg zum Orkus, wenn sie ihn nicht hielt.

**Antilochus.**
Wie? Wenn ihn wer? Die Königinn?

**Diomedes.** Sie selbst!
Denn als sie, um die Abenddämmrung gestern,
Im Kampf, Penthesilea und Achill,

Einander trafen, stürmt Deiphobus her,
Und auf der Jungfrau Seite hingestellt,
Der Teukrische, trifft er dem Peleïden
Mit einem tück'schen Schlag die Rüstung prasselnd,
Daß rings der Ormen Wipfel wiederhallten.
Die Königinn, entfärbt, läßt zwei Minuten
Die Arme sinken: und die Locken dann
Entrüstet um entflammte Wangen schüttelnd,
Hebt sie vom Pferdes-Rücken hoch sich auf,
Und senkt, wie aus dem Firmament geholt,
Das Schwerdt ihm wetterstrahlend in den Hals,
Daß er zu Füssen hin, der Unberufne,
Dem Sohn, dem göttlichen, der Thetis rollt.
Er jetzt, zum Dank, will ihr, der Peleïde,
Ein Gleiches thun; doch sie bis auf den Hals
Gebückt, den mähnumflossenen, des Schecken,
Der, in dem Goldzaum beißend, sich herumwirft,
Weicht seinem Mordhieb aus, und schießt die Zügel,
Und sieht sich um, und lächelt, und ist fort.

**Antilochus.**
Ganz wunderbar!

**Odysseus.** Was bringst du uns von Troja?

**Antilochus.**
Mich sendet Agamemnon her, und fragt dich,
Ob Klugheit nicht, bei so gewandelten
Verhältnissen, den Rückzug dir gebiete.
Uns gelt' es Iliums Mauern einzustürzen,
Nicht einer freien Fürstinn Heereszug,
Nach einem uns gleichgült'gen Ziel, zu stören.
Falls du daher Gewißheit dir verschafft,
Daß nicht mit Hülfe der Dardanerburg
Penthesilea naht, woll' er, daß ihr

Sogleich, um welchen Preis gleichviel, euch wieder
In die argivische Verschanzung werft.
Verfolgt sie euch, so werd' er, der Atride,
Dann an des Heeres Spitze selber sehn,
Wozu sich diese räthselhafte Sphinx
Im Angesicht von Troja wird entscheiden.

**Odysseus.**
Beim Jupiter! Der Meinung bin ich auch.
Meint ihr, daß der Laertiade sich
In diesem sinnentblößten Kampf gefällt?
Schafft den Peliden weg von diesem Platze!
Denn wie die Dogg' entkoppelt, mit Geheul
In das Geweih des Hirsches fällt: der Jäger,
Erfüllt von Sorge, lockt und ruft sie ab;
Jedoch verbissen in des Prachtthiers Nacken,
Tanzt sie durch Berge neben ihm, und Ströme,
Fern in des Waldes Nacht hinein: so er,
Der Rasende, seit in der Forst des Krieges
Dieß Wild sich von so seltner Art, ihm zeigte.
Durchbort mit einem Pfeilschuß, ihn zu fesseln,
Die Schenkel ihm: er weicht, so schwört er, eher
Von dieser Amazone Ferse nicht,
Bis er bei ihren seidnen Haaren sie
Von dem gefleckten Tiegerpferd gerissen.
Versuch's, o Antiloch, wenn's dir beliebt
Und sieh', was deine rednerische Kunst,
Wenn seine Lippe schäumt, bei ihm vermag.

**Diomedes.**
Laßt uns vereint, ihr Könige, noch einmal
Vernunft keilförmig, mit Gelassenheit,
Auf seine rasende Entschließung setzen.
Du wirst, erfindungsreicher Larissäer,
Den Riß schon, den er beut, zu finden wissen.

Weicht er dir nicht, wohlan, so will ich ihn
Mit zwei Ätoliern auf den Rücken nehmen,
Und einem Klotz gleich, weil der Sinn ihm fehlt,
In dem Argiverlager niederwerfen.

**Ulysses.**
Folgt mir!

**Antilochus.**
Nun? Wer auch eilt uns dort heran?

**Diomedes.**
Es ist Adrast. So bleich und so verstöhrt.

### Zweiter Auftritt.

*Die Vorigen. Ein Hauptmann. (tritt auf)*

**Odysseus.**
Was bringst du?

**Diomedes.** Botschaft?

**Der Hauptmann.** Euch die ödeste,
Die euer Ohr noch je vernahm.

**Diomedes.** Wie?

**Odysseus.** Rede!

**Der Hauptmann.**
Achill – ist in der Amazonen Händen,
Und Pergams Mauern fallen jezt nicht um.

**Diomedes.**
Ihr Götter. ihr olympischen!

**Odysseus.** Unglücksbote!

**Antilochus.**
Wann trug, wo, das Entsetzliche sich zu?

**Der Hauptmann.**
Ein neuer Anfall, heiß, wie Wetterstrahl,
Schmolz, dieser wutherfüllten Mavorstöchter,
Rings der Ätolier wackre Reihen hin,
Auf uns, wie Wassersturz, hernieder sie,
Die unbesiegten Myrmidonier, gießend.
Vergebens drängen wir dem Fluchtgewog
Entgegen uns: in wilder Überschwemmung
Reißt's uns vom Kampfplatz strudelnd mit sich fort:
Und eher nicht vermögen wir den Fuß,
Als fern von dem Peliden fest zu setzen.
Erst jetzo wickelt er, umstarrt von Spießen,
Sich aus der Nacht des Kampfes los, er rollt
Von eines Hügels Spitze scheu herab,
Auf uns kehrt glücklich sich sein Lauf, wir senden
Aufjauchzend ihm den Rettungsgruß schon zu:
Doch es erstirbt der Laut im Busen uns,
Da plötzlich jetzt sein Viergespann zurück
Vor einem Abgrund stutzt, und hoch aus Wolken
In grause Tiefe bäumend niederschaut.
Vergebens jetzt, in der er Meister ist,
Des Isthmus ganze vielgeübte Kunst:
Das Roßgeschwader wendet, das erschrockne,
Die Häupter rückwärts in die Geißelhiebe,
Und im verworrenen Geschirre fallend,
Zum Chaos, Pferd' und Wagen, eingestürzt,
Liegt unser Göttersohn, mit seinem Fuhrwerk,
Wie in der Schlinge eingefangen da.

**Antilochus.**
Der Rasende! Wohin treibt ihn – ?

**Der Hauptmann.** Es stürzt
Automedon, des Fahrzeugs rüst'ger Lenker,
In die Verwirrung hurtig sich der Rosse:
Er hilft dem Viergekoppel wieder auf.
Doch eh' er noch aus allen Knoten rings
Die Schenkel, die verwickelten, gelös't,
Sprengt schon die Königinn, mit einem Schwarm
Siegreicher Amazonen, ins Geklüft,
Jedweden Weg zur Rettung ihm versperrend.

**Antilochus.**
Ihr Himmlischen!

**Der Hauptmann.** Sie hemmt, Staub rings umqualmt sie,
Des Zelters flücht'gen Lauf, und hoch zum Gipfel
Das Angesicht, das funkelnde, gekehrt,
Mißt sie, auf einen Augenblick, die Wand:
Der Helmbusch selbst, als ob er sich entsetzte,
Reißt bei der Scheitel sie von hinten nieder.
Drauf plötzlich jetzt legt sie die Zügel weg:
Man sieht, gleich einer Schwindelnden, sie hastig
Die Stirn, von einer Lockenfluth umwallt,
In ihre beiden kleinen Hände drücken.
Bestürzt, bei diesem sonderbaren Anblick,
Umwimmeln alle Jungfraun sie, mit heiß
Eindringlicher Gebährde sie beschwörend;
Die Eine, die zunächst verwandt ihr scheint,
Schlingt ihren Arm um sie, indeß die Andre
Entschloßner noch, des Pferdes Zügel greift:
Man will den Fortschritt mit Gewalt ihr wehren,
Doch sie –

**Diomedes.** Wie? wagt sie es?

**Antilochus.** Nein, sprich!

**Der Hauptmann.** Ihr hörts.
Umsonst sind die Versuche, sie zu halten,
Sie drängt mit sanfter Macht von beiden Seiten
Die Fraun hinweg, und im unruhigen Trabe
An dem Geklüfte auf und nieder streifend,
Sucht sie, ob nicht ein schmaler Pfad sich biete
Für einen Wunsch, der keine Flügel hat;
Drauf jetzt, gleich einer Rasenden, sieht man
Empor sie an des Felsens Wände klimmen,
Jetzt hier, in glühender Begier, jetzt dort,
Unsinn'ger Hoffnung voll, auf diesem Wege
Die Beute, die im Garn liegt, zu erhaschen.
Jetzt hat sie jeden sanftern Riß versucht,
Den sich im Fels der Regen ausgewaschen;
Der Absturz ist, sie sieht es, unersteiglich;
Doch, wie beraubt des Urtheils, kehrt sie um,
Und fängt, als wär's von vorn, zu klettern an.
Und schwingt, die Unverdrossene, sich wirklich
Auf Pfaden, die des Wandrers Fußtritt scheut,
Schwingt sich des Gipfels höchstem Rande näher
Um einer Orme Höh; und da sie jetzt auf einem
Granitblock steht, von nicht mehr Flächenraum
Als eine Gemse sich zu halten braucht;
Von ragendem Geklüfte rings geschreckt,
Den Schritt nicht vorwärts mehr, nicht rückwärts wagt;
Der Weiber Angstgeschrei durchkreischt die Luft:
Stürzt sie urplötzlich, Roß und Reuterinn,
Von los sich lösendem Gestein umprasselt,
Als ob sie in den Orkus führe, schmetternd
Bis an des Felsens tiefsten Fuß zurück,
Und bricht den Hals sich nicht und lernt auch nichts:
Sie rafft sich bloß zu neuem Klimmen auf.

**Antilochus.**
Seht die Hyäne, die blind-wüthende!

**Odysseus.**
Nun? Und Automedon?

**Der Hauptmann.** Er endlich schwingt,
Das Fahrzeug steht, die Rosse auch, geordnet –
Hephästos hätt' in so viel Zeit fast neu
Den ganzen erznen Wagen schmieden können –
Er schwingt dem Sitz sich zu, und greift die Zügel:
Ein Stein fällt uns Argivern von der Brust.
Doch eben jezt, da er die Pferde wendet,
Erspähn die Amazonen einen Pfad,
Dem Gipfel sanfthin zugeführt, und rufen,
Das Thal rings mit Geschrei des Jubels füllend,
Die Königinn dahin, die sinnberaubte,
Die immer noch des Felsens Sturz versucht.
Sie, auf dies Wort, das Roß zurücke werfend,
Rasch einen Blick den Pfad schickt sie hinan;
Und dem gestreckten Parder gleich, folgt sie
Dem Blick auch auf dem Fuß: er, der Pelide,
Entwich zwar mit den Rossen, rückwärts strebend;
Doch in den Gründen bald verschwand er mir,
Und was aus ihm geworden, weiß ich nicht.

**Antilochus.**
Verloren ist er!

**Diomedes.** Auf! Was thun wir, Freunde?

**Odysseus.**
Was unser Herz, ihr Könige, gebeut!
Auf! laßt uns ihn der Königinn entreißen!
Gilt's einen Kampf um ihn auf Tod und Leben:
Den Kampf bei den Atriden fecht' ich aus.

*Odysseus, Diomedes, Antilochus (ab.)*

## Dritter Auftritt

*Der **Hauptmann**. Eine Schaar von **Griechen** (welche während dessen einen Hügel bestiegen haben).*

**Ein Myrmidonier.** *(in die Gegend schauend.)*
Seht! Steigt dort über jenes Berges Rücken,
Ein Haupt nicht, ein bewaffnetes, empor?
Ein Helm, von Federbüschen überschattet?
Der Nacken schon, der mächt'ge, der es trägt?
Die Schultern auch, die Arme, stahlumglänzt?
Das ganze Brustgebild, O seht doch, Freunde,
Bis wo den Leib der gold'ne Gurt umschließt?

**Der Hauptmann.**
Ha! Wessen!

**Der Myrmidonier.**
Wessen! Träum' ich, ihr Argiver?
Die Häupter sieht man schon, geschmückt mit Blessen,
Des Roßgespanns! Nur noch die Schenkel sind,
Die Hufen, von der Höhe Rand bedeckt!
Jetzt, auf dem Horizonte, steht das ganze
Kriegsfahrzeug da! So geht die Sonne prachtvoll
An einem heitern Frühlingstage auf!

**Die Griechen.**
Triumph! Achilleus ist's! Der Göttersohn!
Selbst die Quadriga führet er heran!
Er ist gerettet!

**Der Hauptmann.**
Ihr Olympischen!
So sei euch ew'ger Ruhm gegönnt! – Odysseus!

– Flieg Einer den argol'schen Fürsten nach!
*(Ein Grieche schnell ab.)*
Naht er sich uns, ihr Danaer?

**Der Myrmidonier.** O sieh!

**Der Hauptmann.**
Was giebt's?

**Der Myrmidonier.**
O mir vergeht der Athem, Hauptmann!

**Der Hauptmann.**
So rede, sprich!

**Der Myrmidonier.**
O, wie er mit der Linken
Vor über seiner Rosse Rücken geht!
Wie er die Geißel umschwingt über sie!
Wie sie von ihrem bloßen Klang erregt,
Der Erde Grund, die göttlichen, zerstampfen!
Am Zügel zieh'n sie, beim Lebendigen,
Mit ihrer Schlünde Dampf, das Fahrzeug fort!
Gehetzter Hirsche Flug ist schneller nicht!
Der Blick drängt unzerknickt sich durch die Räder,
Zur Scheibe fliegend eingedreht, nicht hin!

**Ein Ätolier.**
Doch hinter ihm –

**Der Hauptmann.** Was?

**Der Myrmidonier.** An des Berges Saum –

**Der Ätolier.**
Staub –

**Der Myrmidonier.**
Staub aufqualmend, wie Gewitterwolken:
Und, wie der Blitz vorzuckt –

**Der Ätolier.** Ihr ew'gen Götter!

**Der Myrmidonier.**
Penthesilea.

**Der Hauptmann.** Wer?

**Der Ätolier.** Die Königinn! –
Ihm auf dem Fuß, dem Peleïden, schon
Mit ihrem ganzen Troß von Weibern folgend.

**Der Hauptmann.**
Die rasende Megär'!

**Die Griechen.** *(rufend)* Hieher den Lauf!
Hieher den Lauf, du göttlicher gerichtet!
Auf uns den Lauf!

**Der Ätolier.** Seht! wie sie mit den Schenkeln
Des Tiegers Leib inbrünstiglich umarmt!
Wie sie, bis auf die Mähn' herabgebeugt,
Hinweg die Luft trinkt lechzend, die sie hemmt!
Sie fliegt, wie von der Senne abgeschossen:
Numidsche Pfeile sind nicht hurtiger!
Das Heer bleibt keuchend, hinter ihr, wie Köter,
Wenn sich ganz aus die Dogge streckt, zurück!
Kaum daß ihr Federbusch ihr folgen kann!

**Der Hauptmann.**
So naht sie ihm?

**Ein Doloper.** Naht ihm!

**Der Myrmidonier.** Naht ihm noch nicht!

**Der Doloper.**
Naht ihm, ihr Danaer! Mit jedem Hufschlag,
Schlingt sie, wie hungerheiß, ein Stück des Weges,
Der sie von dem Peliden trennt, hinunter!

**Der Myrmidonier.**
Bei allen hohen Göttern, die uns schützen!
Sie wächst zu seiner Größe schon heran!
Sie athmet schon, zurückgeführt vom Winde,
Den Staub, den säumend seine Fahrt erregt!
Der rasche Zelter wirft, auf dem sie reitet,
Erdschollen, aufgewühlt von seiner Flucht,
Schon in die Muschel seines Wagens hin!

**Der Ätolier.**
Und jetzt – der Übermüth'ge! Rasende!
Er lenkt im Bogen spielend noch! Gieb Acht:
Die Amazone wird die Sehne nehmen.
Siehst du? Sie schneidet ihm den Lauf –

**Der Myrmidonier.** Hilf! Zevs!
An seiner Seite fliegt sie schon! Ihr Schatten,
Groß, wie ein Riese, in der Morgensonne,
Erschlägt ihn schon!

**Der Ätolier.** Doch jetzt urplötzlich reißt er –

**Der Doloper.**
Das ganze Roßgeschwader reißt er plötzlich
Zur Seit' herum!

**Der Ätolier.** Zu uns her fliegt er wieder!

**Der Myrmidonier.**
Ha! Der Verschlagne! Er betrog sie –

**Der Doloper.** Hui!
Wie sie, die Unaufhaltsame, vorbei
Schießt an dem Fuhrwerk –

**Der Myrmidonier.** Prellt, im Sattel fliegt,
Und stolpert –

**Der Doloper.** Stürzt!

**Der Hauptmann.** Was?

**Der Myrmidonier.** Stürzt, die Königinn!
Und eine Jungfrau blindhin über sie –

**Der Doloper.**
Und Eine noch –

**Der Myrmidonier.** Und wieder –

**Der Doloper.** Und noch Eine –

**Der Hauptmann.**
Ha! Stürzen, Freunde?

**Der Doloper.** Stürzen –

**Der Myrmidonier.** Stürzen, Hauptmann,
Wie in der Feueresse eingeschmelzt,
Zum Haufen, Roß und Reut'rinnen, zusammen!

**Der Hauptmann.**
Daß sie zu Asche würden!

**Der Doloper.** Staub ringsum,
Vom Glanz der Rüstungen durchzuckt und Waffen:
Das Aug' erkennt nichts mehr, wie scharf es sieht.
Ein Knäuel, ein verworrener, von Jungfraun
Durchwebt von Rossen bunt: das Chaos war,
Das erst', aus dem die Welt sprang, deutlicher.

**Der Ätolier.**
Doch jetzt – ein Wind erhebt sich; Tag wird es,
Und eine der Gestürzten rafft sich auf.

**Der Doloper.**
Ha! Wie sich das Gewimmel lustig regt!
Wie sie die Spieße sich, die Helme, suchen,
Die weithin auf das Feld geschleuderten!

**Der Myrmidonier.**
Drei Rosse noch, und eine Reuterinn, liegen
Gestreckt wie todt –

**Der Hauptmann.** Ist das die Königinn?

**Der Ätolier.**
Penthesilea, fragst du?

**Der Myrmidonier.** Ob's die Königinn?
– Daß mir den Dienst die Augen weigerten!
Dort steht sie!

**Der Doloper.** Wo?

**Der Hauptmann.** Nein, sprich!

**Der Myrmidonier.** Dort, beim Kroniden,
Wo sie gestürzt: in jener Eiche Schatten!
An ihres Pferdes Nacken hält sie sich,
Das Haupt entblößt – seht ihr den Helm am Boden?
Die Locken schwachhin mit der Rechten greifend,
Wischt sie, ist's Staub, ist's Blut, sich von der Stirn.

**Der Doloper.**
Bei Gott, sie ist's!

**Der Hauptmann.** Die Unverwüstliche!

**Der Ätolier.**
Die Katze, die so stürzt, verreckt; nicht sie!

**Der Hauptmann.**
Und der Pelid'?

**Der Doloper.** Ihn schützen alle Götter!
Um drei Pfeilschüsse flog er fort und drüber!
Kaum mehr mit Blicken kann sie ihn erreichen,
Und der Gedanke selbst, der strebende,
Macht ihr im athemlosen Busen: halt!

**Der Myrmidonier.**
Triumph! Dort trit Odysseus jetzt hervor!
Das ganze Griechenheer, im Strahl der Sonne,
Trit plötzlich aus des Waldes Nacht hervor!

**Der Hauptmann.**
Odyß? Und Diomed auch? O ihr Götter!
– Wie weit noch in dem Feld ist er zurück?

**Der Doloper.**
Kaum einen Steinwurf, Hauptmann! Sein Gespann
Fliegt auf die Höhen am Skamandros schon,
Wo sich das Heer raschhin am Rande ordnet.
Die Reih'n schon wettert er entlang –

**Stimmen.** *(aus der Ferne)* Heil dir!

**Der Doloper.**
Sie rufen, die Argiver, ihm –

**Stimmen.** Heil dir!
Achill! Heil dir, Pelide! Göttersohn!
Heil dir! Heil dir! Heil dir!

**Der Doloper.** Er hemmt den Lauf!
Vor den versammelten Argiverfürsten
Hemmt er den Lauf! Odysseus naht sich ihm!
Vom Sitz springt er, der Staubbedeckte, nieder!
Die Zügel giebt er weg! Er wendet sich!
Er nimmt den Helm ab, der sein Haupt beschwert!
Und alle Könige umringen ihn!
Die Griechen reißen ihn, die jauchzenden,
Um seine Knie wimmelnd, mit sich fort:
Indeß Automedon die Rosse schrittweis,
Die dampfenden, an seiner Seite führt!
Hier wälzt der ganze Jubelzug sich schon

Auf uns heran! Heil dir! du Göttlicher!
O seht doch her, seht her – Da ist er schon!

### Vierter Auftritt.

*Achilles (ihm folgen) Odysseus, Diomedes, Antilochus, Automedon (mit der Quadriga ihm zur Seite) das Heer der Griechen.*

**Odysseus.**
Sei mir, Äginerheld, aus heißer Brust
Gegrüßt! Du Sieger auch noch in der Flucht!
Beim Jupiter! Wenn hinter deinem Rücken,
Durch deines Geistes Obmacht über ihren,
In Staub die Feindinn stürzt, was wird gescheh'n,
Wenn's dir gelingt, du Göttlicher, sie einst
Von Angesicht zu Angesicht zu fassen.

**Achilles.** *(er hält den Helm in der Hand und wischt sich den Schweiß von der Stirn, Zwei Griechen ergreifen, ihm unbewußt, Einen seiner Arme, der verwundet ist, und verbinden ihn)*
Was ist? Was giebt's?

**Antilochus.** Du hast in einem Kampf
Wetteifernder Geschwindigkeit bestanden,
Neridensohn, wie losgelassene
Gewitterstürm', am Himmelsplane brausend,
Noch der erstaunten Welt ihn nicht gezeigt.
Bei den Erynnien! Meiner Reue würd' ich
Mit deinem flüchtigen Gespann entflieh'n,
Hätt' ich, des Lebens Gleise schwer durchknarrend,
Die Sünden von der ganzen Trojerburg
Der Muschel meiner Brust auch aufgeladen.

**Achilles.** *(zu den zwei Griechen, welche ihn mit ihrem Geschäfft zu belästigen scheinen)*
Die Narren.

**Ein Griechenfürst.**
Wer?

**Achilles.** Was neckt ihr

**Der erste Grieche.** *(der ihm den Arm verbindet)*
Halt! Du blutest!

**Achilles.**
Nun ja.

**Der zweite Grieche.**
So steh!

**Der Erste.**
So laß dich auch verbinden.

**Der Zweite.**
Gleich ist's geschehn.

**Diomedes.** – Es hieß zu Anfang hier,
Der Rückzug meiner Völker habe dich
In diese Flucht gestürzt; beschäftiget
Mit dem Ulyß, den Antiloch zu hören,
Der Bothschaft uns von den Atriden brachte,
War ich selbst auf dem Platz nicht gegenwärtig.
Doch Alles, was ich sehe, überzeugt mich,
Daß dieser meisterhaften Fahrt ein freier
Entwurf zum Grunde lag. Man könnte fragen,
Ob du bei Tagesanbruch, da wir zum
Gefecht noch allererst uns rüsteten,
Den Feldstein schon gedacht dir, über welchen
Die Königinn zusammenstürzen sollte:

So sichern Schrittes, bei den ewigen Göttern,
Hast du zu diesem Stein sie hingeführt.

**Odysseus.**
Doch jetzt, Doloperheld, wirst du gefällig,
Wenn dich ein Anderes nicht besser dünkt,
Mit uns dich ins Argiverlager werfen.
Die Söhne Atreus rufen uns zurück.
Wir werden mit verstelltem Rückzug sie
In das Skamandrosthal zu locken suchen,
Wo Agamemnon aus dem Hinterhalt
In einer Hauptschlacht sie empfangen wird.
Beim Gott des Donners! Nirgends, oder dort
Kühlst du die Brunst dir ab, die, rastlos drängend,
Gleich einem jungen Spießer, dich verfolgt:
Und meinen beßten Segen schenk' ich dir.
Denn mir ein Gräul auch, in den Tod verhaßt,
Schweift die Megäre, unsre Thaten störend,
Auf diesem Feld herum, und gern möcht' ich,
Gesteh' ich dir, die Spur von deinem Fußtritt
Auf ihrer rosenblüthnen Wange sehn.

**Achilles.** *(sein Blick fällt auf die Pferde.)*
Sie schwitzen.

**Antilochus.** Wer?

**Automedon.** *(indem er ihre Hälse mit der Hand prüft)*
Wie Blei.

**Achilles.** Gut. Führe sie.
Und wenn die Luft sie abgekühlt, so wasche
Brüst' ihnen und der Schenkel Paar mit Wein.

**Automedon.**
Man bringt die Schläuche schon.

**Diomedes.** – Hier siehst du wohl,
Vortrefflicher, daß wir im Nachtheil kämpfen.
Bedeckt, so weit das schärfste Auge reicht,
Sind alle Hügel von der Weiber Haufen;
Heuschrecken lassen dichtgeschloßner nicht
Auf eine reife Saatenflur sich nieder.
Wem noch gelang ein Sieg, wie er ihn wünschte?
Ist Einer, außer dir, der sagen kann,
Er hab' auch die Kenthaurinn nur gesehn?
Umsonst, daß wir, in goldnen Rüstungen,
Hervor uns drängen, unsern Fürstenstand
Lautschmetternd durch Trompeten ihr verkünden:
Sie rückt nicht aus dem Hintergrund hervor;
Und wer auch fern, vom Windzug hergeführt,
Nur ihre Silberstimme hören wollte,
Müßt' eine Schlacht, unrühmlich, zweifelhaft,
Vorher mit losem Kriegsgesindel kämpfen,
Das sie, den Höllenhunden gleich, bewacht.

**Achilles.** *(in die Ferne hinaus schauend)*
Steht sie noch da?

**Diomedes.** Du fragst? –

**Antilochus.** Die Königinn?

**Der Hauptmann.**
Man sieht nichts – Platz! Die Federbüsch' hinweg!

**Der Grieche.** *(der ihm den Arm verbindet)*
Halt'! Einen Augenblick.

**Ein Griechenfürst.** Dort, allerdings!

**Diomedes.**
Wo?

**Der Griechenfürst.**
Bei der Eiche, unter der sie fiel.
Der Helmbusch wallt schon wieder ihr vom Haupte,
Und ihr Misschicksal scheint verschmerzt. –

**Der erste Grieche.** Nun endlich!

**Der Zweite.**
Den Arm jetzt magst du, wie du willst, gebrauchen.

**Der Erste.**
Jetzt kannst du gehn.

*(Die Griechen verknüpfen noch einen Knoten und lassen seinen Arm fahren.)*

**Odysseus.** Hast du gehört, Pelide,
Was wir dir vorgestellt?

**Achilles.** Mir vorgestellt?
Nein, nichts. Was war's? Was wollt ihr?

**Odysseus.** Was wir wollen?
Seltsam. – Wir unterrichteten von den Befehlen
Dich der Atriden! Agamemnon will,
Daß wir sogleich ins Griechenlager kehren;
Den Antiloch sandt' er, wenn du ihn siehst,
Mit diesem Schluß des Feldherrnraths uns ab.
Der Kriegsplan ist, die Amazonen-Königinn
Herab nach der Dardanerburg zu locken,
Wo sie in beider Heere Mitte nun
Von treibenden Verhältnissen gedrängt,
Sich muß, wem sie die Freundinn sei, erklären;
Und wir dann, sie erwähle, was sie wolle,
Wir werden wissen mindstens, was zu thun.
Ich traue deiner Klugheit zu, Pelide,
Du folgst der Weisheit dieser Anordnung.
Denn Wahnsinn wär's, bei den Olympischen,

Da dringend uns der Krieg nach Troja ruft,
Mit diesen Jungfrau'n hier uns einzulassen,
Bevor wir wissen, was sie von uns wollen,
Noch überhaupt nur, ob sie uns was wollen?

**Achilles.** *(indem er sich den Helm wieder aufsetzt)*
Kämpft ihr, wie die Verschnittnen, wenn ihr wollt;
Mich einen Mann fühl ich, und diesen Weibern,
Wenn keiner sonst im Heere, will ich stehn!
Ob ihr hier länger, unter kühlen Fichten,
Ohnmächtiger Lust voll, sie umschweift, ob nicht,
Vom Bette fern der Schlacht, die sie umwogt,
Gilt mir gleichviel: beim Styx, ich will'ge drein,
Daß ihr nach Ilium zurücke kehrt.
Was *mir* die Göttliche begehrt, das weiß ich:
Brautwerber schickt sie mir, gefederte,
Genug in Lüften zu, die ihre Wünsche
Mit Todgeflüster in das Ohr mir raunen.
Im Leben keiner Schönen war ich spröd;
Seid mir der Bart gekeimt, ihr lieben Freunde,
Ihr wißt's, zu Willen jeder war ich gern:
Und wenn ich dieser mich gesperrt bis heute,
Beim Zevs, des Donners Gott, geschah's, weil ich
Das Plätzchen unter Büschen noch nicht fand,
Sie ungestört, ganz wie ihr Herz es wünscht,
Auf Küßen heiß von Erz im Arm zu nehmen.
Kurz, geht: ins Griechenlager folg' ich euch;
Die Schäferstunde bleibt nicht lang mehr aus:
Doch müßt ich auch durch ganze Monden noch,
Und Jahre, um sie frein: den Wagen dort
Nicht ehr zu meinen Freunden will ich lenken,
Ich schwör's, und Pergamos nicht wiedersehn,
Als bis ich sie zu meiner Braut gemacht,
Und sie, die Stirn bekränzt mit Todeswunden,

Kann durch die Straßen häuptlings mit mir schleifen.
Folgt mir!

**Ein Grieche.** *(tritt auf)*
Penthesilea naht sich dir, Pelide!

**Achilles.**
Ich auch. Bestieg sie schon den Perser wieder?

**Der Grieche.**
Noch nicht. Zu Fuße schreitet sie heran,
Doch ihr zur Seite stampft der Perser schon.

**Achilles.**
Wohlan! So schafft mir auch ein Roß, ihr Freunde!
Folgt, meine tapfern Myrmidonier, mir.

**Das Heer.** *(bricht auf)*

**Antilochus.**
Der Rasende!

**Odysseus.** Nun, so versuche doch
Jetzt deine Rednerkunst, o Antiloch!

**Antilochus.**
Laßt mit Gewalt uns ihn –

**Diomedes.** Fort ist er schon!

**Odysseus.**
Verwünscht sei dieser Amazonenkrieg!

*(Alle ab.)*

## Fünfter Auftritt.

*Penthesilea, Prothoe, Meroe, Asteria, Gefolge, das Amazonenheer.*

**Die Amazonen.**
Heil dir, du Siegerinn! Überwinderinn!
Des Rosenfestes Königinn! Triumph dir!

**Penthesilea.**
Nichts vom Triumph mir! Nichts vom Rosenfeste!
Es ruft die Schlacht noch einmal mich ins Feld.
Den jungen trotz'gen Kriegsgott bänd'g' ich mir,
Gefährtinnen, zehntausend Sonnen dünken,
Zu einem Glutball eingeschmelzt, so glanzvoll
Nicht, als ein Sieg, ein Sieg mir über ihn.

**Prothoe.**
Geliebte, ich beschwöre dich –

**Penthesilea.** Laß mich!
Du hörst, was ich beschloß, eh würdest du
Den Strom, wenn er herab von Bergen schießt,
Als meiner Seele Donnersturz regieren.
Ich will zu meiner Füße Staub ihn sehen,
Den Übermüthigen, der mir an diesem
Glorwürd'gen Schlachtentag, wie keiner noch,
Das kriegerische Hochgefühl verwirrt.
Ist das die Siegerinn, die schreckliche,
Der Amazonen stolze Königinn,
Die seines Busens erzne Rüstung mir,
Wenn sich mein Fuß ihm naht, zurückespiegelt?
Fühl' ich, mit aller Götter Fluch Belad'ne,
Da rings das Heer der Griechen vor mir flieht,
Bei dieses einz'gen Helden Anblick mich
Gelähmt nicht, in dem Innersten getroffen,
Mich, *mich* die Überwundene, Besiegte?
Wo ist der Sitz mir, der kein Busen ward,
Auch des Gefühls, das mich zu Boden wirft?
Ins Schlachtgetümmel stürzen will ich mich,

Wo der Hohnlächelnde mein harrt, und ihn
Mir überwinden, oder leben nicht!

**Prothoe.**
Wenn du dein Haupt doch, theure Königinn,
An diesem treuen Busen ruhen wolltest.
Der Sturz, der dir die Brust gewaltsam traf,
Hat dir das Blut entflammt, den Sinn empört:
An allen jungen Gliedern zitterst du!
Beschließe nichts, wir alle flehen dich,
Bis heitrer dir der Geist zurückgekehrt.
Komm, ruhe dich bei mir ein wenig aus.

**Penthesilea.**
Warum? Weshalb? Was ist geschehn? Was sagt' ich?
Hab' ich? – Was hab' ich denn – ?

**Prothoe.** Um eines Siegs,
Der deine junge Seele flüchtig reizt,
Willst du das Spiel der Schlachten neu beginnen?
Weil unerfüllt ein Wunsch, ich weiß nicht welcher,
Dir im geheimen Herzen blieb, den Seegen,
Gleich einem übellaunigen Kind, hinweg,
Der deines Volks Gebete krönte, werfen?
Ha, sieh! Verwünscht das Loos mir dieses Tages!
Wie mit dem Schicksal heut, dem tückischen,
Sich meiner Seele liebste Freundinnen
Verbünden, mir zu schaden, mich zu kränken!
Wo sich die Hand, die lüsterne, nur regt,
Den Ruhm, wenn er bei mir vorüberfleucht,
Bei seinem goldnen Lockenhaar zu fassen,
Trit eine Macht mir hämisch in den Weg –
– Und Trotz ist, Widerspruch, die Seele mir!
Hinweg!

**Prothoe.** *(für sich)*
Ihr Himmlischen, beschützet sie!

**Penthesilea.**
Denk' ich bloß *mich*, sind's *meine* Wünsche bloß,
Die mich zurück aufs Feld der Schlachten rufen?
Ist es das Volk, ist's das Verderben nicht,
Das in des Siegs wahnsinniger Berauschung,
Hörbaren Flügelschlags, von fern ihm naht?
Was ist geschehn, daß wir zur Vesper schon,
Wie nach vollbrachter Arbeit ruhen wollen?
Gemäht liegt uns, zu Garben eingebunden,
Der Erndte üpp'ger Schatz, in Scheuern hoch,
Die in den Himmel ragen, aufgethürmt:
Jedoch die Wolke heillos überschwebt ihn,
Und den Vernichtungsstrahl droht sie herab.
Die Jünglingsschaar, die überwundene,
Ihr werdet sie, bekränzt mit Blumen nicht,
Bei der Posaunen und der Cymbeln Klang,
Zu euren duft'gen Heimathsthälern führen.
Aus jedem tückschen Hinterhalt hervor,
Der sich ihm beut, seh' ich den Peleïden
Auf euren frohen Jubelzug sich stürzen.
Euch und dem Trosse der Gefangenen,
Bis zu den Mauern Themiscyras folgen;
Ja in der Artemis geweihtem Tempel
Die Ketten noch, die rosenblüthenen,
Von ihren Gliedern reißen und die unsern
Mit erzgegoßner Fessel Last bewuchten.
Soll ich von seiner Fers', ich Rasende,
Die nun fünf schweißerfüllte Sonnen schon
An seinem Sturze rüttelte, entweichen:
Da er vom Windzug eines Streiches muß,
Getroffen, unter meines Rosses Huf,

Wie eine reife Südfrucht, niederfallen?
Nein, eh' ich, was so herrlich mir begonnen,
So groß, nicht endige, eh' ich nicht völlig
Den Kranz, der mir die Stirn umrauscht', erfasse,
Eh' ich Mars Töchter nicht, wie ich versprach,
Jetzt auf des Glückes Gipfel jauchzend führe,
Eh' möge seine Pyramide schmetternd
Zusammenbrechen über mich und sie:
Verflucht das Herz, das sich nicht mäß'gen kann.

**Prothoe.**
Dein Aug', o Herrscherinn, erglüht ganz fremd,
Ganz unbegreiflich, und Gedanken wälzen,
So finster, wie der ew'gen Nacht entstiegen,
In meinem ahndungsvollen Busen sich.
Die Schaar, die deine Seele seltsam fürchtet,
Entfloh rings vor dir her, wie Spreu vor Winden;
Kaum daß ein Speer sich noch erblicken läßt.
Achill, so wie du mit dem Heer dich stelltest,
Von dem Skamandros ist er abgeschnitten;
Reiz' ihn nicht mehr, aus seinem Blick nur weiche:
Den ersten Schritt, beim Jupiter, ich schwör's,
In seine Danaerschanze setzt er hin.
Ich will, ich, dir des Heeres Schweif beschirmen.
Sieh', bei den Göttern des Olymps, nicht Einen
Gefangenen entreißt er dir! Es soll
Der Glanz, auch meilenfernhin, seiner Waffen,
Dein Heer nicht schrecken, seiner Rosse ferner Tritt
Dir kein Gelächter einer Jungfrau stören:
Mit meinem Haupt steh' ich dir dafür ein!

**Penthesilea.** *(indem sie sich plötzlich zu Asteria wendet)*
Kann das geschehn, Asteria?

**Asteria.** Herrscherinn –

**Penthesilea.**
Kann ich das Heer, wie Prothoe verlangt,
Nach Themiscyra wohl zurücke führen?

**Asteria.**
Vergieb, wenn ich in meinem Fall, o Fürstinn –

**Penthesilea.**
Sprich dreist. Du hörst.

**Prothoe.** *(schüchtern)* Wenn du den Rath willst gütig
Versammelt aller Fürstinnen befragen,
So wird –

**Penthesilea.**
Den Rath hier *dieser* will ich wissen!
– Was bin ich denn seit einer Hand voll Stunden?
*(Pause, in welcher sie sich sammelt)*
– – Kann ich das Heer, du sprichst, Asteria,
Kann ich es wohl zurück zur Heimath führen?

**Asteria.**
Wenn du so willst, o Herrscherinn, so laß
Mich dir gestehn, wie ich des Schauspiels staune,
Das mir in die ungläub'gen Sinne fällt.
Vom Kaukasus, mit meinem Völkerstamm,
Um eine Sonne später aufgebrochen,
Konnt' ich dem Zuge deines Heeres nicht,
Der reißend wie ein Strom dahinschoß, folgen,
Erst heute, weißt du, mit der Dämmerung,
Auf diesen Platz schlagfertig treff ich ein;
Und jauchzend schallt aus tausend Kehlen mir
Die Nachricht zu: Der Sieg, er sei erkämpft,
Beschlossen schon, auf jede Forderung
Der ganze Amazonenkrieg. Erfreut,
Versichr' ich dich, daß das Gebet des Volks sich dir
So leicht, und unbedürftig mein, erfüllt,

Ordn' ich zur Rückkehr Alles wieder an;
Neugierde treibt mich doch, die Schaar zu sehen,
Die man mir als des Sieges Beute rühmt;
Und eine Handvoll Knechte, bleich und zitternd,
Erblickt mein Auge, der Argiver Auswurf,
Auf Schildern, die sie fliehend weggeworfen,
Von deinem Kriegstroß schwärmend aufgelesen.
Vor Trojas stolzen Mauern steht das ganze
Helenenheer, steht Agamemnon noch,
Stehn Menelaus, Ajax, Palamed;
Ulysses, Diomedes, Antilochus,
Sie wagen dir ins Angesicht zu trotzen:
Ja jener junge Nereïdensohn,
Den deine Hand mit Rosen schmücken sollte,
Die Stirn beut er, der Übermüth'ge, dir;
Den Fußtritt will er, und erklärt es laut,
Auf deinen königlichen Nacken setzen:
Und meine große Arestochter fragt mich,
Ob sie den Siegesheimzug feiern darf?

**Prothoe** *(leidenschaftlich)*
Der Königinn, du Falsche, sanken Helden
An Hoheit, Muth und Schöne –

**Penthesilea.** Schweig, Verhaßte!
Asteria fühlt, wie ich, es ist nur Einer
Hier mir zu sinken werth: und dieser Eine,
Dort steht er noch im Feld der Schlacht und trotzt!

**Prothoe.**
Nicht von der Leidenschaft, o Herrscherinn,
Wirst du dich –

**Penthesilea.** Natter! Deine Zunge nimm gefangen!
– Willst du den Zorn nicht deiner Königinn wagen!
Hinweg!

**Prothoe.**

So wag' ich meiner Königinn Zorn!
Eh' will ich nie dein Antlitz wiedersehen,
Als feig', in diesem Augenblick, dir eine
Verrätherinn schmeichlerisch zur Seite stehn.
Du bist, in Flammen wie du loderst, nicht
Geschickt, den Krieg der Jungfraun fortzuführen;
So wenig, wie, sich mit dem Spieß zu messen,
Der Löwe, wenn er von dem Gift getrunken,
Das ihm der Jäger tückisch vorgesetzt.
Nicht den Peliden, bei den ew'gen Göttern,
Wirst du in dieser Stimmung dir gewinnen:
Vielmehr, noch eh' die Sonne sinkt, versprech' ich,
Die Jünglinge, die unser Arm bezwungen,
So vieler unschätzbaren Mühen Preis,
Uns bloß, in deiner Raserei verlieren.

**Penthesilea.**
Das ist ja sonderbar und unbegreiflich!
Was macht dich plötzlich denn so feig?

**Prothoe.** Was mich? –

**Penthesilea.**
Wen überwandst du, sag' mir an?

**Prothoe.** Lykaon,
Den jungen Fürsten der Arkadier.
Mich dünkt, du sahst ihn.

**Penthesilea.** So, so. War es jener,
Der zitternd stand, mit eingeknicktem Helmbusch,
Als ich mich den Gefangnen gestern –

**Prothoe.** Zitternd!
Er stand so fest, wie je dir der Pelide!
Im Kampf von meinen Pfeilen heiß getroffen,

Sank er zu Füssen mir, stolz werd' ich ihn,
An jenem Fest der Rosen, stolz, wie Eine,
Zu unserm heil'gen Tempel führen können.

**Penthesilea.**
Wahrhaftig? Wie du so begeistert bist.
Nun denn – er soll dir nicht entrissen werden!
– Führt aus der Schaar ihn den Gefangenen,
Lykaon, den Arkadier herbei!
– Nim, du unkriegerische Jungfrau, ihn,
Entfleuch, daß er dir nicht verloren gehe,
Aus dem Geräusch der Schlacht mit ihm, bergt euch
In Hecken von süß duftendem Holunder,
In der Gebirge fernsten Kluft, wo ihr
Wollüstig Lied die Nachtigall dir flötet,
Und fei'r es gleich, du Lüsterne, das Fest,
Das deine Seele nicht erwarten kann.
Doch aus dem Angesicht sei ewig mir,
Sie aus der Hauptstadt mir verbannt, laß den
Geliebten dich und seine Küße, trösten,
Wenn Alles, Ruhm dir, Vaterland und Liebe,
Die Königinn, die Freundinn untergeht.
Geh' und befreie – geh! ich will nichts wissen!
Von deinem hassenswürd'gen Anblick mich!

**Meroe.**
O, Königinn!

**Eine andere Fürstinn.** *(aus ihrem Gefolge)*
Welch ein Wort sprachst du?

**Penthesilea.** Schweigt, sag ich!
Der Rache weih' ich den, der für sie fleht!

**Eine Amazone.** *(tritt auf)*
Achilles nahet dir, o Herrscherinn!

**Penthesilea.**
Er naht – Wohlauf, ihr Jungfraun, denn zur Schlacht! –
Reicht mir der Spieße Treffendsten, o reicht
Der Schwerdter Wetterflammendstes mir her!
Die Lust, ihr Götter, müßt ihr mir gewähren,
Den einen heißersehnten Jüngling siegreich
Zum Staub mir noch der Füße hinzuwerfen.
Das ganze Maas von Glück erlaß ich euch,
Das meinem Leben zugemessen ist. –
Asteria! Du wirst die Schaaren führen.
Beschäfftige den Griechentroß und sorge
Daß sich des Kampfes Inbrunst mir nicht störe.
Der Jungfrau'n keine, wer sie immer sei,
Trifft den Peliden selbst! Dem ist ein Pfeil
Geschärft des Todes, der sein Haupt, was sag' ich!
Der seiner Locken eine mir berührt!
Ich nur, ich weiß den Göttersohn zu fällen.
Hier dieses Eisen soll, Gefährtinnen,
Soll mit der sanftesten Umarmung ihn,
(Weil ich mit Eisen ihn umarmen muß!)
An meinen Busen schmerzlos niederziehn.
Hebt euch, ihr Frühlingsblumen, seinem Fall,
Daß seiner Glieder keines sich verletze.
Blut meines Herzens mißt' ich ehr, als seines.
Nicht eher ruhn will ich, bis ich aus Lüften,
Gleich einem schöngefärbten Vogel, ihn
Zu mir herabgestürzt; doch liegt er jetzt
Mit eingeknickten Fittigen, ihr Jungfrau'n,
Zu Füssen mir, kein Purpurstäubchen messend.
Nun dann, so mögen alle Seeligen
Daniedersteigen, unsern Sieg zu feiern,
Zur Heimath geht der Jubelzug, dann bin ich
Die Königinn des Rosenfestes euch!
Jetzt kommt! –

*(Indem sie abgehen will, erblickt sie die weinende Prothoe, und wendet sich unruhig. Darauf plötzlich, indem sie ihr um den Hals fällt.)*
Prothoe! Meiner Seelen Schwester!
Willst du mir folgen?

**Prothoe** *(mit gebrochener Stimme)*
In den Orkus dir!
Gieng' ich auch zu den Seeligen ohne dich?

**Penthesilea**.
Du Bessere, als Menschen sind! Du willst es?
Wohlan, wir kämpfen, siegen mit einander,
Wir *beide* oder *keine*, und die Losung
Ist: Rosen für die Scheitel unsrer Helden,
Oder Cypressen für die unsrigen.

*(Alle ab)*

## Sechster Auftritt.

*Die* **Oberpriesterin** *der Diana (mit ihren)* **Priesterinnen** *(treten auf. Ihnen folgen) eine Schaar junger* **Mädchen** *(mit Rosen in Körben auf den Köpfen, und) die* **Gefangenen** *(geführt von einigen bewaffneten)* **Amazonen**.

**Die Oberpriesterinn**.
Nun, ihr geliebten, kleinen Rosenjungfrau'n,
Laßt jetzt die Frucht mich eurer Wandrung sehn.
Hier, wo die Felsenquelle einsam schäumt,
Beschattet von der Pinie, sind wir sicher:
Hier schüttet eure Erndte vor mir aus.

**Ein junges Mädchen**. *(ihren Korb ausschüttend)*
Sieh', diese Rosen pflückt' ich, heil'ge Mutter!

**Ein Anderes**. *(ebenso)*
Hier diesen Schoosvoll ich!

**Ein Drittes.** Und diesen ich!

**Ein Viertes.**
Und diesen ganzen üpp'gen Frühling ich!

**Die andern jungen Mädchen.** *(folgen)*

**Die Oberpriesterinn.**
Das blüht ja wie der Gipfel von Hymetta!
Nun solch ein Tag des Seegens, o Diana!
Gieng deinem Volke herrlich noch nicht auf
Die Mütter bringen mir, die Töchter, Gaben;
Nicht von der Pracht, der doppelten, geblendet,
Weiß ich, wem schön'rer Dank gebühren mag.
Doch ist dieß euer ganzer Vorrath, Kinder?

**Das erste Mädchen.**
Mehr nicht, als du hier siehst, war aufzufinden.

**Die Oberpriesterinn.**
So waren eure Mütter fleißiger.

**Das zweyte Mädchen.**
Auf diesen Feldern, heil'ge Priest'rinn, erndten
Gefangne leichter auch, als Rosen, sich.
Wenn dichtgedrängt, auf allen Hügeln rings,
Die Saat der jungen Griechen steht, die Sichel
Nur einer muntern Schnitterinn erwartend,
So blüht so sparsam in den Thälern rings,
Und so verschanzt, versichr' ich dich, die Rose,
Daß man durch Pfeile sich und Lanzen lieber,
Als ihr Geflecht der Dornen schlagen möchte.
– Sieh nur die Finger an, ich bitte dich.

**Das dritte Mädchen.**
Auf eines Felsens Vorsprung wagt' ich mich,
Um eine einz'ge Rose dir zu pflücken.
Und blaß nur, durch des Kelches Dunkelgrün,

Erschimmerte sie noch, ein Knösplein nur,
Für volle Liebe noch nicht aufgeblüht.
Doch greif' ich sie, und strauchl' und sinke plötzlich
In einen Abgrund hin, der Nacht des Todes
Glaubt' ich, Verlorne, in den Schoos zu sinken.
Mein Glück doch war's, denn eine Rosenpracht
Stand hier im Flor, daß wir zehn Siege noch
Der Amazonen hätten feiern können.

**Das vierte Mädchen.**
Ich pflückte dir, du heil'ge Priesterinn,
Dir pflückt' ich eine Rose nur, nur Eine;
Doch eine Rose ist's, hier diese, sieh!
Um eines Königs Scheitel zu bekränzen:
Nicht schöner wünscht Penthesilea sie,
Wenn sie Achill, den Göttersohn, sich fällt.

**Die Oberpriesterinn.**
Wohlan, wenn ihn Penthesilea fällt,
Sollst du die königliche Ros' ihr reichen.
Verwahre sie nur sorgsam, bis sie kömmt.

**Das erste Mädchen.**
Zukünftig, wenn, beim Cymbelnschlag, von Neuem
Das Amazonenheer ins Schlachtfeld rückt,
Ziehn wir zwar mit, doch nicht mehr, das versprichst du,
Durch Rosenpflücken bloß und Kränzewinden,
Den Sieg der Mütter zu verherrlichen.
Sieh, dieser Arm, er schwingt den Wurfspieß schon,
Und sausend trifft die Schleuder mir das Ziel:
Was gilt's? Mir selbst schon blüht ein Kranz zusammen,
– Und tapfer im Gedräng' schon mag er kämpfen,
Der Jüngling, dem sich diese Sehne strafft.

**Die Oberpriesterinn.**
Meinst du? – Nun freylich wohl, du mußt es wissen.

– Hast du die Rosen schon drauf angesehn?
– Den nächsten Lenz, sobald sie wieder reif,
Sollst du den Jüngling, im Gedräng' dir suchen.
– Doch jetzt, der Mütter frohe Herzen drängen:
Die Rosen schnell zu Kränzen eingewunden!

**Die Mädchen.** *(durcheinander)*
Fort zum Geschäfft! Wie greifen wir es an?

**Das erste Mädchen.** *(Zur Zweiten)*
Komm her, Glaukothoe!

**Das Dritte.** *(zum Vierten)*
Komm, Charmion!

*(Sie setzen sich paarweise)*

**Das erste Mädchen.**
Wir – der Ornythia winden wir den Kranz,
Die sich Alcest mit hohen Büschen fällte.

**Das Dritte.**
Und wir – Parthenion, Schwester: Athenäus,
Mit der Medus' im Schilde, soll sie fesseln.

**Die Oberpriesterinn.** *(zu den bewaffneten Amazonen)*
Nun? Wollt ihr eure Gäste nicht erheitern?
– Steht ihr nicht unbehülflich da, ihr Jungfrau'n,
Als müßt' ich das Geschäfft der Lieb' euch lehren!
Wollt ihr das Wort nicht freundlich ihnen wagen?
Nicht hören, was die Schlachtermüdeten,
Was sie begehren? Wünschen? Was sie brauchen?

**Die erste Amazone.**
Sie sagen, sie bedürfen nichts, Ehrwürd'ge.

**Die Zweite.**
Bös' sind sie uns.

**Die Dritte.** Wenn man sich ihnen nahet,
So wenden sich die Trotzigen schmäh'nd hinweg.

**Die Oberpriesterinn.**
Ei, wenn sie bös' euch sind, bei unsrer Göttinn,
So macht sie wieder gut! Warum auch habt ihr
So heftig sie im Kampfgewühl getroffen?
Sagt ihnen, was geschehn wird, sie zu trösten:
So werden sie nicht unerbittlich seyn.

**Die erste Amazone.** *(zu einem gefangenen Griechen)*
Willst du auf weichen Teppichen, o Jüngling,
Die Glieder ruhn? Soll ich von Frühlingsblumen,
Denn müde scheinst du sehr, ein Lager dir,
Im Schatten jenes Lorbeerbaums, bereiten?

**Die Zweite.** *(eben so)*
Soll ich das duftendste der Perseröle
In Wasser mischen, frisch dem Quell entschöpft,
Und dir den Staubbedeckten Fuß erquicken?

**Die Dritte.**
Doch der Orange Saft verschmähst du nicht
Mit eigner Hand dir liebend dargebracht?

**Die drei Amazonen.**
Sprecht! Redet! Womit dient man euch?

**Ein Grieche.** Mit nichts!

**Die erste Amazone.**
Ihr sonderbaren Fremdlinge! Was härmt euch?
Was ist's, da uns der Pfeil im Köcher ruht,
Daß ihr vor unserm Anblick euch entsetzt?
Ist es die Löwenhaut, die euch erschreckt? –
Du, mit dem Gürtel, sprich! Was fürchtest du?

**Der Grieche.** *(nachdem er sie scharf angesehn)*
Wem winden jene Kränze sich? Sagt an!

**Die erste Amazone.**
Wem? Euch! Wem sonst?

**Der Grieche.** Uns! und das sagt ihr noch,
Unmenschliche! Wollt ihr, geschmückt mit Blumen,
Gleich Opferthieren, uns zur Schlachtbank führen?

**Die erste Amazone.**
Zum Tempel euch der Artemis! Was denkt ihr?
In ihren dunkeln Eichenhayn, wo eurer
Entzücken ohne Maas und Ordnung wartet!

**Der Grieche.** *(erstaunt, mit unterdrückter Stimme, zu den andern Gefangenen)*
War je ein Traum so bunt, als was hier wahr ist?

## Siebenter Auftritt.

*Eine* ***Hauptmännin*** *(tritt auf). Die* ***Vorigen****.*

**Die Hauptmännin.**
Auf diesem Platz, Hochwürd'ge, find ich dich!
– Inzwischen sich, auf eines Steinwurfs Nähe,
Das Heer zur blutigen Entscheidung rüstet!

**Die Oberpriesterinn.**
Das Heer! Unmöglich! Wo?

**Die Hauptmännin.** In jenen Gründen,
Die der Skamandros ausgeleckt. Wenn du
Dem Wind, der von den Bergen weht, willst horchen,
Kannst du den Donnerruf der Königinn,
Gezückter Waffen Klirren, Rosse wiehern,

Drommeten, Tuben, Cymbeln und Posaunen,
Des Krieges ganze ehrne Stimme hören.

**Eine Priesterinn.**
Wer rasch erfleucht den Hügel dort?

**Die Mädchen.** Ich! Ich!

*(Sie ersteigen den Hügel)*

**Die Oberpriesterinn.**
Der Königinn! – Nein, sprich! Es ist unglaublich –
– Warum, wenn noch die Schlacht nicht ausgewüthet,
Das Fest der Rosen ordnete sie an?

**Die Hauptmännin.**
Das Rosenfest – Gab sie Befehl denn wem?

**Die Oberpriesterinn.**
Mir! Mir!

**Die Hauptmännin.**
Wo? Wann?

**Die Oberpriesterinn.** Vor wenigen Minuten
In jenes Obelisken Schatten stand ich,
Als der Pelid, und sie, auf seiner Ferse,
Den Winden gleich, an mir vorüberrauschten.
Und ich: wie geht's? fragt' ich die Eilende.
Zum Fest der Rosen, rief sie, wie du siehst!
Und flog' an mir vorbei und jauchzte noch:
Laß es an Blüthen nicht, du Heil'ge, fehlen!

**Die erste Priesterinn.** *(zu den Mädchen)*
Seht ihr sie? sprecht!

**Das erste Mädchen.** *(auf dem Hügel)*
Nichts, gar nichts sehen wir!
Es läßt kein Federbusch sich unterscheiden.
Ein Schatten überfleucht von Wetterwolken

Das weite Feld ringsher, das Drängen nur
Verwirrter Kriegerhaufen nimmt sich wahr,
Die im Gefild' des Tod's einander suchen.

**Die zweite Priesterinn.**
Sie wird des Heeres Rückzug decken wollen.

**Die Erste.**
Das denk' ich auch. –

**Die Hauptmännin.** Zum Kampf steht sie gerüstet,
Ich sag's euch, dem Peliden gegenüber,
Die Königinn, frisch, wie das Perserroß,
Das in die Luft hoch aufgebäumt sie trägt,
Den Wimpern heiß're Blick', als je, entsendend,
Mit Athemzügen, freien, jauchzenden,
Als ob ihr junger kriegerischer Busen
Jetzt in die erste Luft der Schlachten käme.

**Die Oberpriesterinn.**
Was denn, bei den Olympischen, erstrebt sie?
Was ist's, da rings, zu Tausenden, uns die
Gefangenen in allen Wäldern wimmeln,
Das ihr noch zu erringen übrig bleibt?

**Die Hauptmännin.**
Was ihr noch zu erringen übrig bleibt?

**Die Mädchen.** *(auf dem Hügel)*
Ihr Götter!

**Die erste Priesterinn.**
Nun? Was giebt's? Entwich der Schatten?

**Das erste Mädchen.**
O ihr Hochheiligen, kommt doch her!

**Die zweite Priesterinn.** So sprecht!

**Die Hauptmännin.**
Was ihr noch zu erringen übrig bleibt?

**Das erste Mädchen.**
Seht, seht, wie durch der Wetterwolken Riß,
Mit einer Maße Licht, die Sonne eben
Auf des Peliden Scheitel niederfällt!

**Die Oberpriesterinn.**
Auf wessen?

**Das erste Mädchen.**
Seine, sagt' ich! Wessen sonst?
Auf einem Hügel leuchtend steht er da,
In Stahl geschient sein Roß und er, der Saphir,
Der Chrysolith, wirft solche Strahlen nicht!
Die Erde rings, die bunte, blühende,
In Schwärze der Gewitternacht gehüllt;
Nichts als ein dunkler Grund nur, eine Folie,
Die Funkelpracht des Einzigen zu heben!

**Die Oberpriesterinn.**
Was geht dem Volke der Pelide an?
– Ziemt's einer Tochter Ares, Königinn,
Im Kampf auf einen Namen sich zu stellen?
*(zu einer Amazone)*
Fleuch gleich, Arsinoe, vor ihr Antlitz hin,
Und sag' in meiner Göttinn Namen ihr,
Mars habe seinen Bräuten sich gestellt:
Ich forderte, bei ihrem Zorn sie auf,
Den Gott begränzt zur Heimath jetzt zu führen,
Und unverzüglich ihm, in ihrem Tempel,
Das heil'ge Fest der Rosen zu eröffnen!
*(die Amazone ab)*
Ward solch ein Wahnsinn jemals noch erhört!

**Die erste Priesterinn.**
Ihr Kinder! Seht ihr noch die Königinn nicht?

**Das erste Mädchen.** *(auf dem Hügel)*
Wohl, wohl! Das ganze Feld erglänzt – da ist sie!

**Die erste Priesterinn.**
Wo zeigt sie sich?

**Das Mädchen.**
An aller Jungfrau'n Spitze!
Seht, wie sie in dem goldnen Kriegsschmuck funkelnd,
Voll Kampflust ihm entgegen tanzt! Ist's nicht,
Als ob sie, heiß von Eifersucht gespornt,
Die Sonn' im Fluge übereilen wollte,
Die seine jungen Scheitel küßt! O seht!
Wenn sie zum Himmel auf sich schwingen wollte,
Der hohen Nebenbuhl'rinn gleich zu sein,
Der Perser könnte, ihren Wünschen fröhnend,
Geflügelter sich in die Luft nicht heben!

**Die Oberpriesterinn.** *(zur Hauptmänninn)*
War keine unter allen Jungfrau'n denn,
Die sie gewarnt, die sie zurückgehalten?

**Die Hauptmännin.**
Es warf ihr ganzes fürstliches Gefolge
Sich in den Weg ihr: hier auf diesem Platze
Hat Prothoe ihr Aeußerstes gethan.
Jedwede Kunst der Rede ward erschöpft.
Nach Themiscyra sie zurückzuführen.
Doch taub schien sie der Stimme der Vernunft:
Vom giftigsten der Pfeile Amors sei,
Heißt es, ihr jugendliches Herz getroffen.

**Die Oberpriesterinn.**
Was sagst du?

**Das erste Mädchen.** *(auf dem Hügel)*
Ha, jetzt treffen sie einander!
Ihr Götter! Haltet eure Erde fest –
Jetzt, eben jetzt, da ich dies sage, schmettern
Sie, wie zwei Sterne, auf einander ein!

**Die Oberpriesterinn.** *(zur Hauptmänninn)*
Die Königinn, sagst du? Unmöglich, Freundinn!
Von Amors Pfeil getroffen – wann? Und wo?
Die Führerinn des Diametengürtels?
Die Tochter Mars, der selbst der Busen fehlt,
Das Ziel der giftgefiederten Geschosse?

**Die Hauptmännin.**
So sagt des Volkes Stimme mindestens,
Und Meroe hat es eben mir vertraut.

**Die Oberpriesterinn.**
Es ist entsetzlich!

**Die Amazone.** *(kehrt wieder zurück)*

**Die erste Priesterinn.**
Nun? was bringst du? Rede!

**Die Oberpriesterinn.**
Ist es bestellt? Sprachst du die Königinn?

**Die Amazone.**
Es war zu spät, Hochheilige, vergieb.
Ich konnte sie, die von dem Troß der Frauen
Umschwärmt, bald hier, bald dort erschien, nicht treffen.
Wohl aber Prothoe, auf einen Augenblick,
Traf ich, und sagt' ihr, was dein Wille sei;
Doch sie entgegnete – ein Wort, nicht weiß ich,
Ob ich in der Verwirrung recht gehört.

**Die Oberpriesterinn.**
Nun, welch ein Wort?

**Die Amazone.** Sie hielt, auf ihrem Pferde
Und sah, es schien, mit thränenvollen Augen,
Der Königinn zu. Und als ich ihr gesagt,
Wie du entrüstet, daß die Sinnberaubte
Den Kampf noch um ein einzeln Haupt verlängre,
Sprach sie: geh hin zu deiner Priesterinn,
Und heiße sie daniederknieen und beten,
Daß ihr dies eine Haupt im Kampf noch falle;
Sonst keine Rettung giebt's, für sie und uns.

**Die Oberpriesterinn.**
O sie geht steil-bergab den Pfad zum Orkus!
Und nicht dem Gegner, wenn sie auf ihn trifft,
Dem Feind' in ihrem Busen wird sie sinken.
Uns alle reißt sie in den Abgrund hin;
Den Kiel seh' ich, der uns Gefesselte
Nach Hellas trägt, geschmückt mit Bändern höhnend
Im Geiste schon den Hellespont durchschäumen.

**Die erste Priesterinn.**
Was gilt's? Dort naht die Unheilskunde schon.

## Achter Auftritt.

*Eine Oberste (tritt auf) die Vorigen.*

**Die Oberste.**
Flieh! Rette die Gefangnen, Priesterinn!
Das ganze Heer der Griechen stürzt heran.

**Die Oberpriesterinn.**
Ihr Götter des Olymps! Was ist geschehn?

**Die erste Priesterinn.**
Wo ist die Königinn?

**Die Oberste.** Im Kampf gefallen,
Das ganze Amazonenheer zerstreut.

**Die Oberpriesterinn.**
Du Rasende! Was für ein Wort sprachst du?

**Die erste Priesterinn.** *(zu den bewaffneten Amazonen)*
Bringt die Gefangenen fort!

*(Die Gefangenen werden abgeführt.)*

**Die Oberpriesterinn.** Sag an: wo? wann?

**Die Oberste.**
Laß kurz das Ungeheuerste dir melden!
Achill und sie, mit vorgelegten Lanzen,
Begegnen beide sich, zween Donnerkeile,
Die aus Gewölken in einander fahren;
Die Lanzen, schwächer als die Brüste, splittern:
Er, der Pelide, steht, Penthesilea,
Sie sinkt, die Todumschattete, vom Pferd.
Und da sie jetzt, der Rache preisgegeben,
Im Staub sich vor ihm wälzt, denkt jeglicher,
Zum Orkus völlig stürzen wird er sie;
Doch bleich selbst steht der Unbegreifliche,
Ein Todesschatten da, ihr Götter! ruft er,
Was für ein Blick der Sterbenden traf mich!
Vom Pferde schwingt er eilig sich herab;
Und während, von Entsetzen noch gefesselt,
Die Jungfraun stehn, des Wortes eingedenk
Der Königinn, kein Schwerdt zu rühren wagen,
Dreist der Erblaßten naht er sich, er beugt
Sich über sie, Penthesilea! ruft er,
In seinen Armen hebt er sie empor,

Und laut die That, die er vollbracht, verfluchend,
Lockt er ins Leben jammernd sie zurück!

**Die Oberpriesterinn.**
Er – was? Er selbst?

**Die Oberste.** Hinweg, Verhaßter! donnert
Das ganze Heer ihm zu; dankt mit dem Tod' ihm,
Ruft Prothoe, wenn er vom Platz nicht weicht:
Den Treffendsten der Pfeile über ihn!
Und mit des Pferdes Huftritt ihn verdrängend,
Reißt sie die Königinn ihm aus dem Arm.
Indeß erwacht die Unglückseelige,
Man führt sie röchelnd, mit zerrißner Brust
Das Haar verstöhrt vom Scheitel niederflatternd,
Den hintern Reih'n zu, wo sie sich erholt;
Doch er, der unbegriff'ne Doloper –
Ein Gott hat, in der erzgekeilten Brust,
Das Herz in Liebe plötzlich ihm geschmelzt –
Er ruft: verweilet, meine Freundinnen!
Achilles grüßt mit ew'gem Frieden euch!
Und wirft das Schwerdt hinweg, das Schild hinweg,
Die Rüstung reißt er von der Brust sich nieder,
Und folgt – mit Keulen könnte man, mit Händen ihn,
Wenn man ihn treffen dürfte, niederreißen –
Der Kön'ginn unerschrocknen Schrittes nach:
Als wüßt' er schon, der Rasende, Verwegne,
Daß unserm Pfeil sein Leben heilig ist.

**Die Oberpriesterinn.**
Und wer gab den wahnsinnigen Befehl?

**Die Oberste.**
Die Königinn! Wer sonst?

**Die Oberpriesterinn.** Es ist entsetzlich!

**Die erste Priesterinn.**
Seht, seht! Da wankt, geführt von Prothoe,
Sie selbst, das Bild des Jammers, schon heran!

**Die Zweite.**
Ihr ew'gen Himmelsgötter! Welch ein Anblick!

## Neunter Auftritt.

*Penthesilea (geführt von) Prothoe und Meroe.*
*Gefolge (treten auf)*

**Penthesilea** *(mit schwacher Stimme)*
Hetzt alle Hund' auf ihn! Mit Feuerbränden
Die Elephanten peitschet auf ihn los!
Mit Sichelwagen schmettert auf ihn ein,
Und mähet seine üpp'gen Glieder nieder!

**Prothoe.**
Geliebte! Wir beschwören dich –

**Meroe.** Hör' uns!

**Prothoe.**
Er folgt dir auf dem Fuße, der Pelide;
Wenn dir dein Leben irgend lieb, so flieh!

**Penthesilea.**
Mir diesen Busen zu zerschmettern, Prothoe! –
Ist's nicht, als ob ich eine Leier zürnend
Zertreten wollte, weil sie still für sich,
Im Zug des Nachtwinds, meinen Namen flüstert?
Dem Bären kauert' ich zu Füssen mich,
Und streichelte das Pantherthier, das mir
In solcher Regung nahte, wie ich ihm.

**Meroe.**
So willst du nicht entweichen?

**Prothoe.** Willst nicht fliehen?

**Meroe.**
Willst dich nicht retten?

**Prothoe.** Was kein Name nennt,
Auf diesem Platz hier soll es sich vollbringen?

**Penthesilea.**
Ist's meine Schuld, daß ich im Feld der Schlacht
Um sein Gefühl mich kämpfend muß bewerben?
Was will ich denn, wenn ich das Schwerdt ihm zücke?
Will ich ihn denn zum Orkus niederschleudern?
Ich will ihn ja, ihr ew'gen Götter, nur
An diese Brust will ich ihn niederziehn!

**Prothoe.**
Sie ras't –

**Die Oberpriesterinn.**
Unglückliche!

**Prothoe.** Sie ist von Sinnen!

**Die Oberpriesterinn.**
Sie denkt nichts, als den Einen nur.

**Prothoe.** Der Sturz
Hat völlig ums Bewußtsein sie gebracht.

**Penthesilea** *(mit erzwungener Fassung)*
Gut. Wie ihr wollt. Sei's drum. Ich will mich fassen.
Dies Herz, weil es sein muß, bezwingen will ich's,
Und thun mit Grazie, was die Noth erheischt.
Recht habt ihr auch. Warum auch wie ein Kind gleich,
Weil sich ein flücht'ger Wunsch mir nicht gewährt,
Mit meinen Göttern brechen? Kommt hinweg.

Das Glück, gesteh' ich, wär mir lieb gewesen;
Doch fällt es mir aus Wolken nicht herab,
Den Himmel drum erstürmen will ich nicht.
Helft mir nur fort von hier, schafft mir ein Pferd,
So will ich euch zurück zur Heimath führen.

**Prothoe.**
Geseegnet sei, o Herrscherinn, dreimal
Ein Wort, so würdig königlich, als dies.
Komm, alles steht zur Flucht bereit –

**Penthesilea** *(da sie die Rosenkränze in der Kinder Händen erblickt, mit plötzlich aufflammendem Gesicht)*
Ha, sieh!
Wer gab Befehl, die Rosen einzupflücken?

**Das erste Mädchen.**
Das fragst du noch, Vergeßene? Wer sonst,
Als nur –

**Penthesilea.** Als wer?

**Die Oberpriesterinn.** – Das Siegsfest sollte sich,
Das heißersehnte, deiner Jungfraun feiern!
War's nicht dein eigner Mund, der's so befahl?

**Penthesilea.**
Verflucht mir diese schnöde Ungeduld!
Verflucht, im blutumschäumten Mordgetümmel,
Mir der Gedanke an die Orgien!
Verflucht, im Busen keuscher Arestöchter,
Begierden, die, wie losgelaßne Hunde,
Mir der Drommete erzne Lunge bellend,
Und aller Feldherrn Rufen, überschrei'n!
Der Sieg, ist er erkämpft mir schon, daß mit
Der Hölle Hohn schon der Triumph mir naht?

– Mir aus den Augen!
*(sie zerhaut die Rosenkränze)*

**Das erste Mädchen.** Herrscherinn! Was thust du?

**Das Zweite.** *(die Rosen wieder aufsuchend)*
Der Frühling bringt dir rings, auf Meilenferne,
Nichts für das Fest mehr –

**Penthesilea.** Daß der ganze Frühling
Verdorrte! Daß der Stern, auf dem wir athmen,
Geknickt, gleich dieser Rosen einer, läge!
Daß ich den ganzen Kranz der Welten so,
Wie dies Geflecht der Blumen, lösen könnte!
– O Aphrodite!

**Die Oberpriesterinn.** Die Unseelige!

**Die erste Priesterinn.**
Verloren ist sie!

**Die Zweite.** Den Erynnien
Zum Raub ist ihre Seele hingegeben!

**Eine Priesterinn** *(auf dem Hügel)*
Der Peleïd', ihr Jungfrau'n, ich beschwör' euch,
Im Schuß der Pfeile naht er schon heran!

**Prothoe.**
So fleh' ich dich auf Knieen – rette dich!

**Penthesilea.**
Ach, meine Seel' ist matt bis in den Tod!
*(sie setzt sich)*

**Prothoe.**
Entsetzliche! Was thust du?

**Penthesilea.** Flieht, wenn ihr wollt.

**Prothoe.**
Du willst? –

**Meroe.** Du säumst – ?

**Prothoe.** Du willst – ?

**Penthesilea.** Ich will hier bleiben.

**Prothoe.**
Wie, Rasende!

**Penthesilea.** Ihr hört's. Ich kann nicht stehen.
Soll das Gebein mir brechen? Laßt mich sein.

**Prothoe.**
Verlorenste der Frau'n! Und der Pelide,
Er naht, du hörst, im Pfeilschuß –

**Penthesilea.** Laßt ihn kommen.
Laßt ihn den Fuß gestählt, es ist mir recht,
Auf diesen Nacken setzen. Wozu auch sollen
Zwei Wangen länger, blüh'nd wie diese, sich
Vom Korb, aus dem sie stammen, unterscheiden?
Laßt ihn mit Pferden häuptlings heim mich schleifen,
Und diesen Leib hier, frischen Lebens voll,
Auf offnem Felde schmachvoll hingeworfen,
Den Hunden mag er ihn zur Morgenspeise,
Dem scheußlichen Geschlecht der Vögel, bieten.
Staub lieber, als ein Weib sein, das nicht reizt.

**Prothoe.**
O Königinn!

**Penthesilea** *(indem sie sich den Halsschmuck abreißt)*
Weg ihr verdammten Flittern!

**Prothoe.**
Ihr ew'gen Götter dort! Ist das die Fassung,
Die mir dein Mund so eben angelobt?

**Penthesilea.**
Vom Haupt, ihr auch – was nickt ihr? Seid verflucht mir,
Hülflosere, als Pfeil und Wangen, noch!
– Die Hand verwünsch' ich, die zur Schlacht mich heut
Geschmückt, und das verrätherische Wort,
Das mir gesagt, es sei zum Sieg, dazu.
Wie sie mit Spiegeln mich, die Gleißnerinnen,
Umstanden, rechts und links, der schlanken Glieder
In Erz gepreßte Götterbildung preisend. –
Die Pest in eure wilden Höllenkünste!

**Griechen.** *(ausserhalb der Scene)*
Vorwärts, Pelide, vorwärts! Sei getrost!
Nur wenig Schritte noch, so hast du sie.

**Die Priesterinn.** *(auf dem Hügel)*
Diana! Königinn! Du bist verloren,
Wenn du nicht weichst!

**Prothoe.** Mein Schwesterherz! Mein Leben!
Du willst nicht fliehn? nicht gehn?

**Penthesilea.** *(die Thränen stürzen ihr aus den Augen, sie lehnt sich an einen Baum)*

**Prothoe** *(plötzlich gerührt, indem sie sich neben ihr niedersetzt)*
Nun, wie du willst.
Wenn du nicht kannst, nicht willst – sei's! Weine nicht.
Ich bleibe bei dir. Was nicht möglich ist,
Nicht ist, in deiner Kräfte Kreis nicht liegt,
Was du nicht leisten *kannst*: die Götter hüten,
Daß ich es von dir fordre! Geht, ihr Jungfrau'n,
Geht; kehrt in eure Heimathsflur zurück:
Die Königinn und ich, wir bleiben hier.

**Die Oberpriesterinn.**
Wie, du Unseel'ge? Du bestärkst sie noch?

**Meroe.**
Unmöglich wär's ihr, zu entfliehn?

**Die Oberpriesterinn.** Unmöglich,
Da nichts von außen sie, kein Schicksal, hält,
Nichts als ihr thörigt Herz –

**Prothoe.** Das ist ihr Schicksal!
Dir scheinen Eisenbanden unzerreißbar,
Nicht wahr? Nun sieh: sie bräche sie vielleicht,
Und das Gefühl doch nicht, das du verspottest.
Was in ihr walten mag, das weiß nur sie,
Und jeder Busen ist, der fühlt, ein Räthsel.
Des Lebens höchstes Gut erstrebte sie,
Sie streift', ergriff es schon: die Hand versagt ihr,
Nach einem andern noch sich auszustrecken.
Komm, magst du's jetzt an meiner Brust vollenden.
– Was fehlt dir? Warum weinst du?

**Penthesilea.** Schmerzen, Schmerzen –

**Prothoe.**
Wo?

**Penthesilea.**
Hier.

**Prothoe.**
Kann ich dir Lindrung – ?

**Penthesilea.** Nichts, nichts, nichts.

**Prothoe.**
Nun, faße dich; in Kurzem ist's vollbracht.

**Die Oberpriesterinn.** *(halblaut)*
Ihr Rasenden zusammt – !

**Prothoe.** *(eben so)* Schweig bitt' ich dich.

**Penthesilea.**
Wenn ich zur Flucht mich noch – wenn ich es thäte:
Wie, sag', wie faßt ich mich?

**Prothoe.** Du giengst nach Pharsos.
Dort fändest du, denn dorthin wieß ich es,
Dein ganzes Heer, das jetzt zerstreut, zusammen.
Du ruhtest dich, du pflegtest deiner Wunden,
Und mit des nächsten Tages Strahl, gefiehl's dir,
Nähmst du den Krieg der Jungfrau'n wieder auf.

**Penthesilea.**
*Wenn* es mir möglich wär – ! Wenn ichs vermöchte – !
Das Aeußerste, das Menschenkräfte leisten,
Hab' ich gethan – Unmögliches versucht –
Mein Alles hab' ich an den Wurf gesetzt;
Der Würfel, der entscheidet, liegt, er liegt:
Begreifen muß ich's – – und daß ich verlor.

**Prothoe.**
Nicht, nicht, mein süßes Herz! Das glaube nicht.
So niedrig schlägst du deine Kraft nicht an.
So schlecht von jenem Preis nicht wirst du denken,
Um den du spielst, als daß du wähnen solltest,
Das, was er werth, sei schon für ihn geschehn.
Ist diese Schnur von Perlen, weiß und roth,
Die dir vom Nacken rollt, der ganze Reichthum,
Den deine Seele aufzubieten hat?
Wie viel, woran du gar nicht denkst, in Pharsos,
Endlos für deinen Zweck noch ist zu thun!
Doch freilich wohl – jetzt ist es fast zu spät.

**Penthesilea.** *(nach einer unruhigen Bewegung)*
Wenn ich rasch wäre – – Ach es macht mich rasend!
– Wo steht die Sonne?

**Prothoe.** Dort, dir grad' im Scheitel,
Noch eh' die Nacht sinkt, träfest du dort ein.
Wir schlössen Bündniß, unbewußt den Griechen,
Mit den Dardanischen, erreichten still
Die Bucht des Meer's, wo jener Schiffe liegen;
Zur Nachtzeit, auf ein Merkmal, lodern sie
In Flammen auf, das Lager wird erstürmt,
Das Heer, gedrängt zugleich von vorn und hinten,
Zerrissen, aufgelöst, ins Land zerstreut,
Verfolgt, gesucht, gegriffen und bekränzet
Jedwedes Haupt, das unsrer Lust gefiel.
O seelig wär' ich, wenn ich dieß erlebte!
Nicht ruh'n wollt' ich, an deiner Seite kämpfen,
Der Tage Glut nicht scheuen, unermüdlich,
Müßt' ich an allen Gliedern mich verzehren,
Bis meiner lieben Schwester Wunsch erfüllt,
Und der Pelid' ihr doch, nach so vielen Mühen,
Besiegt zuletzt zu Füssen niedersank.

**Penthesilea.** *(die während dessen unverwandt in die Sonne gesehen)*
Daß ich mit Flügeln weit gespreizt und rauschend,
Die Luft zertheilte – !

**Prothoe.** Wie!

**Meroe.** – Was sagte sie?

**Prothoe.**
Was siehst du, Fürstinn – ?

**Meroe.** Worauf heftet sich – ?

**Prothoe.**
Geliebte, sprich!

**Penthesilea.** Zu hoch, ich weiß, zu hoch –
Er spielt in ewig fernen Flammenkreisen
Mir um den sehnsuchtsvollen Busen hin.

**Prothoe.**
Wer, meine beste Königinn?

**Penthesilea.** Gut, gut.
– Wo geht der Weg?
*(sie sammelt sich und steht auf)*

**Meroe.** So willst du dich entschließen?

**Prothoe.**
So hebst du dich empor? – Nun, meine Fürstinn,
So sei's auch wie ein Riese! Sinke nicht,
Und wenn der ganze Orkus auf dich drückte!
Steh, stehe fest, wie das Gewölbe steht,
Weil seiner Blöcke jeder stürzen will!
Beut deine Scheitel, einem Schlußstein gleich,
Der Götter Blitzen dar, und rufe, trefft!
Und laß dich bis zum Fuß herab zerspalten,
Nicht aber wanke in dir selber mehr,
So lang ein Athem Mörtel und Gestein,
In dieser jungen Brust, zusammenhält.
Komm. Gieb mir deine Hand.

**Penthesilea.** Geht's hier, geht's dort?

**Prothoe.**
Du kannst den Felsen dort, der sichrer ist,
Du kannst auch das bequemre Thal hier wählen.
Wozu entschließen wirst du dich?

**Penthesilea.** Den Felsen!
Da komm' ich ihm um soviel näher. Folgt mir.

**Prothoe.**
Wem, meine Königinn?

**Penthesilea.** Euren Arm, ihr Lieben.

**Prothoe.**
Sobald du jenen Hügel dort erstiegen,
Bist du in Sicherheit.

**Meroe.** Komm fort.

**Penthesilea.** *(indem sie plötzlich auf eine Brücke gekommen, stehen bleibt)*
Doch höre:
Eins eh' ich weiche, bleibt mir übrig noch.

**Prothoe.**
Dir übrig noch?

**Meroe.** Und was?

**Prothoe.** Unglückliche!

**Penthesilea.**
Eins noch, ihr Freundinnen, und rasend wär' ich,
Das müßt ihr selbst gestehn, wenn ich im ganzen
Gebiet der Möglichkeit mich nicht versuchte.

**Prothoe.** *(Unwillig)*
Nun denn, so wollt' ich, daß wir gleich versunken!
Denn Rettung giebt's nicht mehr.

**Penthesilea.** *(erschrocken)* Was ist? Was fehlt dir?
Was hab' ich ihr gethan, ihr Jungfrau'n, sprecht!

**Die Oberpriesterinn.**
Du denkst – ?

**Meroe.** Du willst auf diesem Platze noch – ?

**Penthesilea.**
Nichts, nichts, gar nichts, was sie erzürnen sollte.
Den Ida will ich auf den Ossa wälzen,
Und auf die Spitze ruhig blos mich stellen.

**Die Oberpriesterinn.**
Den Ida wälzen – ?

**Meroe.** Wälzen auf den Ossa – ?

**Prothoe.** *(mit einer Wendung)*
Schützt, all' ihr Götter, sie!

**Die Oberpriesterinn.** Verlorene!

**Meroe.** *(schüchtern)*
Dies Werk ist der Giganten, meine Königinn!

**Penthesilea.**
Nun ja, nun ja: worinn denn weich' ich ihnen?

**Meroe.**
Worin du ihnen – ?

**Prothoe.** Himmel!

**Die Oberpriesterinn.** Doch gesetzt – ?

**Meroe.**
Gesetzt nun du vollbrächtest dieses Werk – ?

**Prothoe.**
Gesetzt was würdest du – ?

**Penthesilea.** Blödsinnige!
Bei seinen goldnen Flammenhaaren zög' ich
Zu mir hernieder ihn –

**Prothoe.** Wen?

**Penthesilea.** Helios,
Wenn er am Scheitel mir vorüberfleucht!

**Die Fürstinnen.** *(sehn sprachlos und mit Entsetzen einander an)*

**Die Oberpriesterinn.**
Reißt mit Gewalt sie fort!

**Penthesilea.** *(schaut in den Fluß nieder)*
Ich, Rasende!
Da liegt er mir zu Füssen ja! Nimm mich –
*(sie will in den Fluß sinken, Prothoe und Meroe halten sie)*

**Prothoe.**
Die Unglückselige!

**Meroe.** Da fällt sie leblos,
Wie ein Gewand, in unsrer Hand zusammen.

**Die Priesterinn.** *(auf dem Hügel)*
Achill erscheint, ihr Fürstinnen! Es kann
Die ganze Schaar der Jungfrau'n ihn nicht halten!

**Die Amazone.**
Ihr Götter! Rettet! Schützet vor dem Frechen
Die Königinn der Jungfrau'n!

**Die Oberpriesterinn** *(zu den Priesterinnen)*
Fort! Hinweg!
Nicht im Gewühl des Kampfs ist unser Platz.

*Die Oberpriesterinn mit den Priesterinnen und den Rosenmädchen (ab.)*

## Zehnter Auftritt.

*Eine Schaar von* **Amazonen** *(tritt mit Bogen in den Händen auf)*
*Die* **Vorigen**.

**Die erste Amazone.** *(in die Scene rufend)*
Zurück, Verwegner!

**Die Zweite.** Er hört uns nicht.

**Die Dritte.**
Ihr Fürstinnen, wenn wir nicht treffen dürfen,
So hemmt sich sein wahnsinniger Fortschritt nicht!

**Die Zweite.**
Was ist zu thun? Sprich, Prothoe!

**Prothoe.** *(mit der Königinn beschäftigt)*
So sendet
Zehntausend Pfeile über ihn! –

**Meroe.** *(zu dem Gefolge)* Schafft Wasser!

**Prothoe.**
Doch sorget, daß ihr ihn nicht tödtlich trefft! –

**Meroe.**
Schafft einen Helm voll Wasser, sag' ich!

**Eine Fürstinn.** *(aus dem Gefolge der Königinn)*
Hier!
*(sie schöpft und bringt)*

**Die dritte Amazone.** *(zur Prothoe)*
Sei ruhig! Fürchte nichts!

**Die Erste.** Hier ordnet euch!
Die Wangen streift ihm, sengt die Locken ihm,
Den Kuß des Todes flüchtig laßt ihn schmecken!

*(sie bereiten ihre Bögen)*

## Eilfter Auftritt.

*Achilles (ohne Helm, Rüstung und Waffen, im Gefolge) einiger Griechen. Die Vorigen.*

**Achilles.**
Nun? Wem auch gelten diese Pfeil', ihr Jungfrau'n?
Doch diesem unbeschützten Busen nicht?
Soll ich den seid'nen Latz noch niederreißen,
Daß ihr das Herz mir harmlos schlagen seht?

**Die erste Amazone.**
Herunter, wenn du willst, damit!

**Die Zweite.** Es braucht's nicht!

**Die Dritte.**
Den Pfeil genau, wo er die Hand jetzt hält!

**Die Erste.**
Daß er das Herz gespießt ihm, wie ein Blatt,
Fort mit sich reiß' im Flug –

**Mehrere.** Schlagt! Trefft!
*(sie schießen über sein Haupt hin)*

**Achilles.** Laßt, laßt!
Mit euren Augen trefft ihr sicherer.
Bei den Olympischen, ich scherze nicht,
Ich fühle mich im Innersten getroffen,
Und ein Entwaffneter, in jedem Sinne,
Leg ich zu euren kleinen Füssen mich,

**Die fünfte Amazone.** *(von einem Spieß hinter der Scene hervor getroffen)*
Ihr guten Götter!
*(sie sinkt)*

**Die Sechste.** *(eben so)*
Weh' mir!
*(sie sinkt)*

**Die Siebente.** *(eben so)*
Artemis!
*(sie sinkt)*

**Die Erste.**
Der Rasende!

**Meroe.** *(mit der Königinn beschäfftigt)(zugleich)*
Die Unglückselige!

**Die zweite Amazone.**
Entwaffnet nennt er sich.

**Prothoe.** *(eben so)(zugleich)*
Entseelt ist sie.

**Die dritte Amazone.**
Indessen uns die Seinen niederwerfen!

**Meroe.** *(zugleich)*
Indessen rings umher die Jungfrau'n sinken!
Was ist zu thun?

**Die erste Amazone.**
Den Sichelwagen her!

**Die Zweite.**
Die Doggen über ihn!

**Die Dritte.** Mit Steinen ihn
Hochher, vom Elephantenthurm begraben!

**Eine Amazonenfürstinn.** *(die Königinn plötzlich verlassend)*
Wohlan, so will ich das Geschoß versuchen.
*(sie wirft den Bogen von der Schulter und spannt ihn)*

**Achilles.** *(bald zu dieser bald zu jener Amazone sich wendend)*
Ich kann's nicht glauben: süß, wie Silberklang,
Straft eure Stimme eure Reden Lügen.
Du mit den blauen Augen bist es nicht,
Die mir die Doggen reißend schickt, noch du,
Die mit der seidenweichen Locke prangt.
Seht, wenn, auf euer übereiltes Wort,
Jetz heulend die Entkoppelten mir nahten,
So würft ihr noch, mit euern eignen Leibern,
Euch zwischen sie und mich, dies Männerherz,
Dieß euch in Lieb' erglühende, zu schirmen.

**Die erste Amazone.**
Der Uebermüth'ge!

**Die Zweite.** Hört, wie er sich brüstet!

**Die Erste.**
Er meint mit Schmeichelworten uns –

**Die Dritte.** *(die Erste geheimnißvoll rufend)*
Oterpe!

**Die Erste.** *(sich umwendend)*
Ha, sieh! Die Meisterinn des Bogens jetzt! –
Still öffnet euren Kreis, ihr Frau'n!

**Die Fünfte.** Was giebt's?

**Die Vierte.**
Frag' nicht! Du wirst es sehn.

**Die Achte.** Hier! Nimm den Pfeil!

**Die Amazonenfürstinn.** *(indem sie den Pfeil auf den Bogen legt)*
Die Schenkel will ich ihm zusammen heften.

**Achilles.** *(zu einem Griechen, der neben ihm, schon den Bogen angelegt hat)*
Triff sie!

**Die Amazonenfürstinn.**
Ihr Himmlischen!
*(sie sinkt)*

**Die erste Amazone.** Der Schreckliche!

**Die Zweite.**
Getroffen sinkt sie selbst!

**Die Dritte.** Ihr ewigen Götter!
Und dort naht uns ein neuer Griechenhaufen!

## Zwölfter Auftritt.

*Diomedes (mit den) Ätoliern (treten von der andern Seite auf Bald darauf auch) Ulysses (von der Seite Achills mit dem Heer).*

**Diomedes.**
Hier meine wackeren Ätolier,
Heran!
*(er führt sie über die Brücke)*

**Prothoe.**
O, Artemis! Du Heilige! Rette!
Jetzt ist's um uns geschehn!
*(sie trägt die Königinn, mit Hülfe einiger Amazonen wieder auf den Vorgrund der Scene)*

**Die Amazonen.** *(in Verwirrung)*
Wir sind gefangen!
Wir sind umzingelt! Wir sind abgeschnitten!
Fort! Rette sich, wer retten kann!

**Diomedes.** *(zu Prothoe)* Ergebt euch!

**Meroe.** *(zu den flüchtigen Amazonen)*
Ihr Rasenden! Was thut ihr? Wollt ihr stehn?
Prothoe! Sieh her!

**Prothoe.** *(immer bei der Königinn)*
Hinweg! Verfolge sie,
Und wenn du kannst, so mach' uns wieder frei.

*(Die Amazonen zerstreuen sich. Meroe folgt ihnen)*

**Achilles.**
Auf jetzt, wo ragt sie mit dem Haupte?

**Ein Grieche.** Dort!

**Achilles.**
Dem Diomed will ich zehn Kronen schenken.

**Diomedes.**
Ergebt euch, sag' ich noch einmal!

**Prothoe.** Dem Sieger
Ergeb' ich sie, nicht dir! Was willst du auch?
Der Peleïd' ist's, dem sie angehört!

**Diomedes.**
So werft sie nieder!

**Ein Ätolier.** Auf!

**Achilles.** *(den Ätolier zurückstoßend)*
Der weicht ein Schatten
Vom Platz, der mir die Königinn berührt! –
Mein ist sie! Fort! Was habt ihr hier zu suchen –

**Diomedes.**
So! Dein! Ei sieh, bei Zevs, des Donnrers, Locken,
Aus welchen Gründen auch? Mit welchem Rechte?

**Achilles.**
Aus einem Grund, der rechts, und einer links. –
Gieb.

**Prothoe.**
Hier. Von deiner Großmuth fürcht' ich nichts.

**Achilles.** *(indem er die Königinn in seine Arme nimmt)*
Nichts, nichts. –
*(zu Diomedes)*
Du gehst und folgst und schlägst die Frauen,
Ich bleib' auf einen Augenblick zurück.
– Fort! Mir zu Lieb'. Erwiedre nichts. Dem Hades
Stünd' ich im Kampf um sie, vielmehr denn dir!
*(er legt sie an die Wurzel einer Eiche nieder)*

**Diomedes.**
Es sei! Folgt mir!

**Ulysses.** *(mit dem Heer über die Bühne ziehend)*
Glück auf, Achill! Glück auf!
Soll ich dir die Quadriga rasselnd schicken?

**Achill.** *(über die Königinn geneigt)*
Es braucht's nicht. Laß noch sein.

**Ulysses.** Gut. Wie du willst. –
Folgt mir! Eh' sich die Weiber wieder sammlen.

*Ulysses und Diomedes mit dem Heer. (Von der Seite der Amazonen ab)*

## Dreizehnter Auftritt.

***Penthesilea, Prothoe, Achilles,** Gefolge von **Griechen** und **Amazonen**.*

**Achilles.** *(indem er der Königinn die Rüstung öffnet)*
Sie lebt nicht mehr.

**Prothoe.** O mögt' ihr Auge sich
Für immer diesem öden Licht verschließen!
Ich fürchte nur zu sehr, daß sie erwacht.

**Achilles.**
Wo traf ich sie?

**Prothoe.** Sie raffte von dem Stoß sich,
Der ihr die Brust zerriß, gewaltsam auf;
Hier führten wir die Wankende heran,
Und diesen Fels just wollten wir erklimmen.
Doch sei's der Glieder, der verwundeten,
Sei's der verletzten Seele Schmerz: sie konnte,
Daß sie im Kampf gesunken dir, nicht tragen;
Der Fuß versagte brechend ihr den Dienst,
Und Irrgeschwätz von bleichen Lippen sendend,
Fiel sie zum zweitenmal mir in den Arm.

**Achilles.**
Sie zuckte – sahst du es?

**Prothoe.** Ihr Himmlischen!
So hat sie noch den Kelch nicht ausgeleert?
Seht, o die Jammervolle, seht –

**Achilles.** Sie athmet.

**Prothoe.**
Pelide! Wenn du das Erbarmen kennst,
Wenn ein Gefühl den Busen dir bewegt,
Wenn du sie tödten nicht, in Wahnsinn völlig
Die Leichtgereizte nicht verstricken willst,
So gönne eine Bitte mir.

**Achilles.** Sprich rasch!

**Prothoe.**
Entferne dich! Tritt, du Vortrefflicher,
Tritt aus dem Antlitz ihr, wenn sie erwacht.
Entrück' ihr gleich die Schaar, die dich umsteht,
Und laß, bevor die Sonne sich erneut,
Fern auf der Berge Duft ihr niemand nahn,
Der sie begrüßte, mit dem Todeswort:
Du bist die Kriegsgefangene Achills.

**Achilles.**
So haßt sie mich?

**Prothoe.** O frage nicht, Großherz'ger! –
Wenn sie jetzt freudig an der Hoffnung Hand
Ins Leben wiederkehrt, so sei der Sieger
Das Erste nicht, das freudlos ihr begegnet.
Wie manches regt sich in der Brust der Frauen,
Das für das Licht des Tages nicht gemacht.
Muß sie zuletzt, wie ihr Verhängniß will,
Als die Gefangne schmerzlich dich begrüßen,

So fordr' es früher nicht, beschwör ich dich!
Als bis ihr Geist dazu gerüstet steht.

**Achilles.**
Mein Will' ist, ihr zu thun, muß ich dir sagen,
Wie ich dem stolzen Sohn des Priam that.

**Prothoe.**
Wie, du Entsetzlicher!

**Achilles.** – Fürchtet sie dies?

**Prothoe.**
Du willst das Namenlos' an ihr vollstrecken?
Hier diesen jungen Leib, du Mensch voll Greuel,
Geschmückt mit Reizen, wie ein Kind mit Blumen,
Du willst ihn schändlich, einer Leiche gleich – ?

**Achilles.**
Sag' ihr, daß ich sie liebe.

**Prothoe.** Wie? – Was war das?

**Achilles.**
Beim Himmel, wie! Wie Männer Weiber lieben;
Keusch und das Herz voll Sehnsucht doch, in Unschuld,
Und mit der Lust doch, sie darum zu bringen.
Ich will zu meiner Königinn sie machen.

**Prothoe.**
Ihr ew'gen Götter, sag' das noch einmal.
– Du willst?

**Achilles.** Kann ich nun bleiben?

**Prothoe.** O so laß
Mich deine Füsse küssen, Göttlicher!
O jetzt, wärst du nicht hier, jetzt sucht' ich dich,
Und müßt's an Herkuls Säulen sein, Pelide! –
Doch sieh': sie schlägt die Augen auf –

**Achilles.** Sie regt sich –

**Prothoe.**
Jetzt gilt's! Ihr Männer, fort von hier; und du
Rasch hinter diese Eiche berge dich!

**Achilles.**
Fort, meine Freunde! Tretet ab.

*Das Gefolge des Achills. (ab)*

**Prothoe.** *(zu Achill, der sich hinter die Eiche stellt)*
Noch tiefer!
Und eher nicht, beschwör' ich dich, erscheine,
Als bis mein Wort dich ruft. Versprichst du mir?
Es läßt sich ihre Seele nicht berechnen.

**Achilles.**
Es soll geschehn.

**Prothoe.** Nun denn, so merk' jetzt auf!

## Vierzehnter Auftritt.

*Penthesilea, Prothoe, Achilles. Gefolge von Amazonen.*

**Prothoe.**
Penthesilea! O du Träumerinn!
In welchen fernen Glanzgefilden schweift
Dein Geist umher, mit unruhvollem Flattern,
Als ob sein eigner Sitz ihm nicht gefiele,
Indeß das Glück, gleich einem jungen Fürsten,
In deinen Busen einkehrt, und, verwundert
Die liebliche Behausung leer zu finden,
Sich wieder wendet und zum Himmel schon
Die Schritte wieder flüchtig setzen will?

Willst du den Gast nicht fesseln, O du Thörinn? –
Komm hebe dich an meine Brust.

**Penthesilea.** Wo bin ich?

**Prothoe.**
– Kennst du die Stimme deiner Schwester nicht?
Führt jener Fels dich, dieser Brückenpfad,
Die ganze blüh'nde Landschaft nicht zurück?
– Sieh diese Jungfrau'n, welche dich umringen:
Wie an den Pforten einer schön'ren Welt,
Steh'n sie, und rufen dir: willkommen! zu.
– Du seufzest. Was beängstigt dich?

**Penthesilea.** Ach Prothoe!
Welch einen Traum entsetzensvoll träumt ich –
Wie süß ist es, ich möchte Thränen weinen,
Dies mattgequälte Herz, da ich erwache,
An deinem Schwesterherzen schlagen fühlen –
– Mir war, als ob, im heftigen Getümmel,
Mich des Peliden Lanze traf: umrasselt
Von meiner erznen Rüstung, schmettr' ich nieder;
Der Boden wiederhallte meinem Sturz.
Und während das erschrockne Heer entweicht,
Umstrickt an allen Gliedern lieg' ich noch,
Da schwingt er sich vom Pferde schon herab,
Mit Schritten des Triumphes naht er mir,
Und er ergreift die Hingesunkene,
In starken Armen hebt er mich empor,
Und jeder Griff nach diesem Dolch versagt mir,
Gefangen bin ich und mit Hohngelächter
Zu seinen Zelten werd' ich abgeführt.

**Prothoe.**
Nicht, meine beste Königinn! Der Hohn
Ist seiner grosmuthsvollen Seele fremd.

Wär' es, was dir im Traum erschien: glaub mir,
Ein seel'ger Augenblick wär' dir beschieden,
Und in den Staub vielleicht, dir huldigend,
Sähst du den Sohn der Götter niederfallen.

**Penthesilea.**
Fluch mir, wenn ich die Schmach erlebte, Freundinn!
Fluch mir, empfieng' ich jemals einen Mann,
Den mir das Schwerdt nicht würdig zugeführt.

**Prothoe.**
Sei ruhig, meine Königinn.

**Penthesilea.** Wie! Ruhig –

**Prothoe.**
Liegst du an meinem treuen Busen nicht?
Welch ein Geschick auch über dich verhängt sei,
Wir tragen es, wir beide: fasse dich.

**Penthesilea.**
Ich war so ruhig, Prothoe, wie das Meer,
Das in der Bucht des Felsen liegt; nicht ein
Gefühl, das sich in Wellen mir erhob.
Dies Wort: sei ruhig! jagt mich plötzlich jetzt,
Wie Wind die offnen Weltgewässer, auf.
Was ist es denn, das Ruh' hier nöthig macht?
Ihr steht so seltsam um mich, so verstört –
Und sendet Blicke, bei den ew'gen Göttern,
In meinen Rücken hin, als stünd ein Unhold,
Mit wildem Antlitz dräuend, hinter mir.
– Du hörst's, es war ja nur ein Traum, es ist nicht
Wie! Oder ist es? Ist's? Wär's wirklich? Rede! –
– Wo ist denn Meroe? Megaris?
*(sie sieht sich um und erblickt den Achilles).*
Entsetzlich!
Da steht der Fürchterliche hinter mir.

Jetzt meine freie Hand –
*(sie zieht den Dolch)*

**Prothoe.** Unglückliche!

**Penthesilea.**
O die Nichtswürdige, sie wehret mir –

**Prothoe.**
Achilles! Rette sie.

**Penthesilea.** O Rasende!
Er soll den Fuß auf meinen Nacken setzen.

**Prothoe.**
Den Fuß, Wahnsinnige –

**Penthesilea.** Hinweg, sag' ich! –

**Prothoe.**
So sieh ihn doch nur an, Verlorene – !
Steht er nicht ohne Waffen hinter dir?

**Penthesilea.**
Wie? Was?

**Prothoe.** Nun ja! Bereit, wenn du's verlangst,
Selbst deinem Fesselkranz sich darzubieten.

**Penthesilea**
Nein, sprich.

**Prothoe.** Achill! Sie glaubt mir nicht. Sprich du!

**Penthesilea.**
Er wär' gefangen mir?

**Prothoe.** Wie sonst? Ist's nicht?

**Achilles.** *(der währenddessen vorgetreten)*
In jedem schön'ren Sinn, erhabne Königinn!

Gewillt mein ganzes Leben fürderhin,
In deiner Blicke Fesseln zu verflattern.

**Penthesilea.** *(drückt ihre Hände vor's Gesicht)*

**Prothoe.**
Nun denn, da hörtest du's aus seinem Mund.
– Er sank, wie du, als ihr euch traft, in Staub;
Und während du entseelt am Boden lagst,
Ward er entwaffnet – nicht?

**Achilles.** Ich ward entwaffnet;
Man führte mich zu deinen Füssen her.
*(er beugt ein Knie vor ihr)*

**Penthesilea.** *(nach einer kurzen Pause)*
Nun denn, so sei mir, frischer Lebensreiz,
Du junger, rosenwang'ger Gott, gegrüßt!
Hinweg jetzt, o mein Herz, mit diesem Blute,
Das aufgehäuft, wie seiner Ankunft harrend,
In beiden Kammern dieser Brüste liegt.
Ihr Boten, ihr geflügelten, der Lust,
Ihr Säfte meiner Jugend, macht euch auf.
Durch meine Adern fleucht, ihr jauchzenden.
Und laßt es einer rothen Fahne gleich,
Von allen Reichen dieser Wangen wehn:
Der junge Nereïdensohn ist mein!
*(sie steht auf)*

**Prothoe.**
O meine theu're Königinn, mäß'ge dich.

**Penthesilea.** *(indem sie vorschreitet)*
Heran, ihr sieggekrönten Jungfrau'n jetzt,
Ihr Töchter Mars, vom Wirbel bis zur Sohle
Vom Staub der Schlacht noch überdeckt, heran,
Mit dem Archiverjüngling jegliche,

Den sie sich überwunden, an der Hand!
Ihr Mädchen, naht euch, mit den Rosenkörben:
Wo sind für soviel Scheitel Kränze mir;
Hinaus mir über die Gefilde, sag' ich,
Und mir die Rosen, die der Lenz verweigert,
Mit eurem Athem aus der Flur gehaucht!
An euer Amt, ihr Priest'rinnen der Diana:
Daß eures Tempels Pforten rasselnd auf,
Des glanzerfüllten, weihrauchduftenden,
Mir, wie des Paradieses Thore, fliegen!
Zuerst den Stier, den feisten, kurzgehörnten,
Mir an den Altar hin; das Eisen stürz' ihn,
Das blinkende, an heil'ger Stätte lautlos,
Daß das Gebäu erschüttere, darnieder.
Ihr Dien'rinnen, ihr rüstigen, des Tempels,
Das Blut, wo seid ihr? rasch, ihr Emsigen,
Mit Perserölen, von der Kohle zischend,
Von des Getäfels Plan hinweggewaschen!
Und all' ihr flatternden Gewänder, schürzt euch,
Ihr goldenen Pockale, füllt euch an,
Ihr Tuben, schmettert, donnert, ihr Posaunen,
Der Jubel mache, der melodische,
Den festen Bau des Firmamentes beben! –
O Prothoe! Hilf jauchzen mir, frohlocken,
Erfinde, Freundinn, Schwesterherz, erdenke,
Wie ich ein Fest jetzt göttlicher, als der
Olymp durchjubelte, verherrliche,
Das Hochzeitsfest der krieggeworbnen Bräute,
Der Inachiden und der Kinder Mars!
O Meroe, wo bist du? Megaris?

**Prothoe.** *(mit unterdrückter Rührung)*
Freud' ist und Schmerz dir, seh' ich, gleich verderblich,
Und gleich zum Wahnsinn reißt dich beides hin.

Du wähnst, wähnst dich in Themiscyra schon,
Und wenn du so die Gränzen überschwärmst,
Fühl' ich gereizt mich, dir das Wort zu nennen,
Das dir den Fittig plötzlich wieder lähmt.
Blick' um dich her, Betrogene, wo bist du?
Wo ist das Volk? Wo sind die Priesterinnen?
Asteria? Meroe? Megaris? Wo sind sie?

**Penthesilea.** *(an ihrem Busen)*
O laß mich, Prothoe! O laß dies Herz
Zwei Augenblick' in diesem Strom der Lust,
Wie ein besudelt Kind, sich untertauchen;
Mit jedem Schlag in seine üpp'gen Wellen
Wäscht sich ein Mackel mir vom Busen weg.
Die Eumeniden fliehn, die schrecklichen,
Es weht, wie Nahn der Götter um mich her,
Ich möchte gleich in ihren Chor mich mischen,
Zum Tode war ich nie so reif als jetzt.
Doch jetzt vor Allem: du vergiebst mir doch?

**Prothoe.**
O meine Herrscherinn!

**Penthesilea.** Ich weiß, ich weiß –
Nun, meines Blutes beß're Hälft' ist dein.
– Das Unglück, sagt man, läutert die Gemüther,
Ich, du Geliebte, ich empfand es nicht;
Erbittert hat es, Göttern mich und Menschen
In unbegriff'ner Leidenschaft empört.
Wie seltsam war, auf jedem Antlitz, mir,
Wo ich sie traf. der Freude Spur verhaßt;
Das Kind, das in der Mutter Schooße spielte,
Schien mir verschworen wider meinen Schmerz.
Wie mögt' ich Alles jetzt, was mich umringt,
Zufrieden gern und glücklich sehn! Ach, Freundinn!

Der Mensch kann groß, ein Held, im Leiden sein.
Doch göttlich ist er, wenn er selig ist!
– Doch rasch zur Sache jetzt. Es soll das Heer
Zur Rückkehr schleunig jede Anstalt treffen;
Sobald die Schaaren ruhten, Thier und Menschen,
Bricht auch der Zug mit den Gefangenen,
Nach unsern heimathlichen Fluren auf –
– Wo ist Lykaon?

**Prothoe.** Wer?

**Penthesilea.** *(mit zärtlichem Unwillen)*
Wer, fragst du noch!
Er, jener blühende Arkadierheld,
Den dir das Schwerdt erwarb. Was hält ihn fern?

**Prothoe.** *(verwirrt)*
Er weilt noch in den Wäldern, meine Königinn!
Wo man die übrigen Gefangnen hält.
Vergönne, daß er, dem Gesetz gemäß,
Eh, nicht, als in der Heimath mir erscheine.

**Penthesilea.**
Man ruf' ihn mir! – Er weilt noch in den Wäldern!
– Zu meiner Prothoe Füssen ist sein Platz!
– – Ich bitte dich, Geliebte, ruf' ihn her,
Du stehst mir, wie ein Maienfrost, zur Seite,
Und hemmst der Freude junges Leben mir.

**Prothoe.** *(für sich)*
Die Unglückseelige! – Wohlan so geht,
Und thut, wie euch die Königinn befohlen.
*(sie winkt einer Amazone; diese geht ab)*

**Penthesilea.**
Wer schafft mir jetzt die Rosenmädchen her?
*(sie erblickt Rosen auf dem Boden)*

Sieh! Kelche finden, und wie duftende,
Auf diesem Platz sich – !

*(sie fährt sich mit der Hand über die Stirne)*

Ach mein böser Traum!

*(zu Prothoe)*

War' denn der Diana Oberpriest'rinn hier?

**Prothoe.**
Nicht, daß ich wüßte, meine Königinn –

**Penthesilea.**
Wie kommen denn die Rosen her?

**Prothoe.** *(rasch)* Sieh da!
Die Mädchen, die die Fluren plünderten,
Sie ließen einen Korb voll hier zurück.
Nun, diesen Zufall wahrlich nenn' ich günstig.
Hier, diese duft'gen Blüthen raff' ich auf.
Und winde den Pelidenkranz dir. Soll ich?

*(sie setzt sich an der Eiche nieder)*

**Penthesilea.**
Du Liebe! Treffliche! Wie du mich rührst. –
Wohlan! Und diese Hundertblättrigen
Ich dir zum Siegerkranz Lykaons. Komm.

*(sie rafft gleichfalls einige Rosen auf, und setzt sich neben Prothoe nieder)*

Musik, ihr Frau'n, Musik! Ich bin nicht ruhig.
Laßt den Gesang erschallen! Macht mich still.

**Eine Jungfrau.** *(aus ihrem Gefolge)*
Was wünschest du?

**Eine Andere.** Den Siegsgesang?

**Penthesilea.** – Die Hymne.

**Die Jungfrau.**
Es sei. – O die Betrogene! – Singt! Spielt!

**Chor der Jungfraun.** *(mit Musik)*
Ares entweicht!
Seht, wie sein weißes Gespann
Fernhin dampfend zum Orkus niedereilt!
Die Eumeniden öffnen, die scheußlichen:
Sie schließen die Thore wieder hinter ihm zu.

**Eine Jungfrau.**
Hymen! Wo weilst du?
Zünde die Fackel an, und leuchte! leuchte!
Hymen! wo weilst du?

**Chor.**
Ares entweicht! u. s. w.

**Achilles.** *(nähert sich während des Gesanges der Prothoe heimlich)*
Sprich! Wohin führt mich dies? Ich will es wissen!

**Prothoe.**
Noch einen Augenblick, Großherziger,
Fleh' ich dich um Geduld – du wirst es sehn.

*(Wenn die Kränze gewunden sind, wechselt Penthesilea den ihrigen gegen den Kranz der Prothoe, sie umarmen sich und betrachten die Windungen. Die Musik schweigt)*

**Die Amazone.** *(kehrt zurück)*

**Penthesilea.**
Hast du's bestellt?

**Die Amazone.** Lykaon wird sogleich,
Der junge Prinz Arkadiens, erscheinen.

## Fünfzehnter Auftritt.

*Penthesilea, Prothoe, Achilles, Amazonen.*

**Penthesilea.**
Komm jetzt, du süsser Nereïdensohn,
Komm, lege dich zu Füssen mir – Ganz her!
Nur dreist heran! – – Du fürchtest mich doch nicht?
– Verhaßt nicht, weil ich siegte, bin ich dir?
Sprich! Fürchtest du, die dich in Staub gelegt?

**Achilles.** *(zu ihren Füssen)*
Wie Blumen Sonnenschein.

**Penthesilea.** Gut, gut gesagt!
So sieh mich auch wie deine Sonne an.
Diana, meine Herrscherinn, er ist
Verletzt!

**Achilles.**
Geritzt am Arm, du siehst, nichts weiter.

**Penthesilea.**
Ich bitte dich, Pelide, glaube nicht,
Daß ich jemals nach deinem Leben zielte.
Zwar gern mit diesem Arm hier traf ich dich;
Doch als du niedersankst, beneidete,
Hier diese Brust den Staub, der dich empfieng.

**Achilles.**
Wenn du mich liebst, so sprichst du nicht davon.
Du siehst es heilt schon.

**Penthesilea.** So verzeihst du mir?

**Achilles.**
Von ganzem Herzen. –

**Penthesilea.** Jetzt – kannst du mir sagen,
Wie es die Liebe macht, der Flügelknabe,
Wenn sie den störr'gen Leun in Fesseln schlägt?

**Achilles.**
Sie streichelt, denk' ich, seine rauhen Wangen,
So hält er still.

**Penthesilea.** Nun denn, so wirst du dich
Nicht mehr als eine junge Taube regen,
Um deren Hals ein Mädchen Schlingen legt.
Denn die Gefühle dieser Brust, o Jüngling,
Wie Hände sind sie, und sie streicheln dich.
*(sie umschlingt ihn mit Kränzen)*

**Achilles.**
Wer bist du, wunderbares Weib?

**Penthesilea.** Gieb her. –
Ich sagte still! Du wirst es schon erfahren.
– Hier diese leichte Rosenwindung nur
Um deine Scheitel, deinen Nacken hin –
Zu deinen Armen, Händen, Füssen nieder –
Und wieder auf zum Haupt – – so ist's geschehn.
– Was athmest du?

**Achilles.** Duft deiner süssen Lippen.

**Penthesilea.** *(indem sie sich zurückbeugt)*
Es sind die Rosen, die Gerüche streun.
– Nichts, nichts!

**Achilles.** Ich wollte sie am Stock versuchen.

**Penthesilea.**
Sobald sie reif sind, Liebster, pflückst du sie.
*(sie setzt ihm noch einen Kranz auf die Scheitel und läßt ihn gehn)*
Jetzt ist's geschehn. – O sieh, ich bitte dich,

Wie der zerfloßne Rosenglanz ihm steht!
Wie sein gewitterdunkles Antlitz schimmert!
Der junge Tag, wahrhaftig, liebste Freundinn,
Wenn ihn die Horen von den Bergen führen,
Demanten perlen unter seinen Tritten:
Er sieht so weich und mild nicht drein, als er.
Sprich! Dünkt's dich nicht, als ob sein Auge glänzte?
Fürwahr! Man mögte, wenn er so erscheint, fast zweifeln,
Daß er es sei.

**Prothoe.** Wer, meinst du?

**Penthesilea.** Der Pelide! –
Sprich, wer den Größesten der Priamiden
Vor Trojas Mauern fällte, warst das du?
Hast du ihm wirklich, du, mit diesen Händen
Den flücht'gen Fuß durchkeilt, an deiner Axe
Ihn häuptlings um die Vaterstadt geschleift?
Sprich! Rede! Was bewegt dich so? Wes fehlt dir?

**Achilles.**
Ich bin's.

**Penthesilea.** *(nachdem sie ihn scharf angesehen)*
Er sagt, er sei's.

**Prothoe.** Er ist es, Königinn;
An diesem Schmuck hier kannst du ihn erkennen.

**Penthesilea.**
Woher?

**Prothoe.**
Es ist die Rüstung, sieh nur her,
Die Thetis ihm, die hohe Göttermutter,
Bei dem Hephäst, des Feuers Gott, erschmeichelt.

**Penthesilea.**
Nun denn, so grüß ich dich mit diesem Kuß,
Unbändigster der Menschen, mein! Ich bin's,
Du junger Kriegsgott, der du angehörst;
Wenn man im Volk dich fragt, so nennst du *mich*.

**Achilles.**
O du, die eine Glanzerscheinung mir,
Als hätte sich das Aetherreich eröffnet,
Herabsteigst, Unbegreifliche, wer bist du?
Wie nenn ich dich, wenn meine eigne Seele
Sich, die entzückte, fragt, wem sie gehört?

**Penthesilea.**
Wenn sie dich fragt, so nenne diese Züge,
Das sei der Nam', in welchem du mich denkst. –
Zwar diesen goldnen Ring hier schenk' ich dir,
Mit jedem Merkmal, das dich sicher stellt;
Und zeigst du ihn, so weis't man dich zu mir.
Jedoch ein Ring vermiß't sich, Namen schwinden;
Wenn dir der Nam' entschwänd, der Ring sich mißte:
Fänd'st du mein Bild in dir wohl wieder aus?
Kannst du's wohl mit geschloßnen Augen denken?

**Achilles.**
Es steht so fest, wie Züg' in Diamanten.

**Penthesilea.**
Ich bin die Königinn der Amazonen,
Er nennt sich Marserzeugt, mein Völkerstamm,
Otrere war die große Mutter mir,
Und mich begrüßt das Volk: Penthesilea.

**Achilles.**
Penthesilea.

**Penthesilea.** Ja. so sagt' ich dir.

**Achilles.**
Mein Schwan singt noch im Tod': Penthesilea.

**Penthesilea.**
Die Freiheit schenk' ich dir, du kannst den Fuß
Im Heer der Jungfraun setzen, wie du willst.
Denn eine andre Kette denk' ich noch,
Wie Blumen leicht, und fester doch, als Erz,
Die dich mir fest verknüpft, um's Herz zu schlagen.
Doch bis sie zärtlich, Ring um Ring, geprägt,
In der Gefühle Glut, und ausgeschmiedet,
Der Zeit nicht, und dem Zufall, mehr zerstörbar,
Kehrst du, weil es die Pflicht erheischt, mir wieder,
Mir, junger Freund, versteh' mich, die für jedes,
Sei's ein Bedürfniß, sei's ein Wunsch, dir sorgt.
Willst du das thun, sag an?

**Achilles.** Wie junge Rosse
Zum Duft der Krippe, die ihr Leben nährt.

**Penthesilea.**
Gut. Ich verlaß' mich drauf. Wir treten jetzt
Die Reise gleich nach Themiscyra an;
Mein ganzer Harras bis dahin ist dein.
Man wird dir purpurne Gezelte bringen,
Und auch an Sclaven nicht, dich zu bedienen,
Wird's deinem königlichen Willen fehlen.
Doch weil mich, auf dem Zuge, du begreifst,
So manche Sorge fesselt, wirst du dich
Noch zu den übrigen Gefangnen halten:
In Themiscyra erst, Neridensohn,
Kann ich mich ganz, aus voller Brust, dir weihn.

**Achilles.**
Es soll geschehn.

**Penthesilea.** *(zu Prothoe)*
Nun aber sage mir,
Wo weilt auch dein Arkadier?

**Prothoe.** Meine Fürstinn –

**Penthesilea.**
So gern von deiner Hand, geliebte Prothoe,
Mögt' ich bekränzt ihn sehn.

**Prothoe.** Er wird schon kommen. –
Der Kranz hier soll ihm nicht verloren gehn.

**Penthesilea.** *(aufbrechend)*
Nun denn – mich rufen mancherlei Geschäfte,
So laßt mich gehn.

**Achilles.** Wie?

**Penthesilea.** Laß mich aufstehn, Freund.

**Achilles.**
Du fliehst? Du weichst? Du lässest mich zurück?
Noch eh' du meiner sehnsuchtsvollen Brust
So vieler Wunder Aufschluß gabst, Geliebte?

**Penthesilea.**
In Themiscyra, Freund.

**Achilles.** Hier, meine Königinn!

**Penthesilea.**
In Themiscyra, Freund, in Themiscyra –
Laß mich!

**Prothoe** *(sie zurückhaltend, unruhig)*
Wie? Meine Königinn! Wo willst du hin?

**Penthesilea.** *(befremdet)*
Die Schaaren will ich mustern – sonderbar!

Mt Meroe will ich sprechen, Megaris.
Hab' ich, beim Styx, jetzt nichts zu thun, als plaudern?

**Prothoe.**
Das Heer verfolgt die flücht'gen Griechen noch.
Laß Meroe, die die Spitze führt, die Sorge;
Du brauchst der Ruhe noch. – Sobald der Feind
Nur völlig über den Skamandros setzte,
Wird dir das Heer hier siegreich vorgeführt.

**Penthesilea.** *(erwägend)*
So! – – Hier auf dieses Feld? Ist das gewiß?

**Prothoe.**
Gewiß. Verlaß dich drauf –

**Penthesilea.** *(Zum Achill)* Nun so sei kurz.

**Achilles.**
Was ist's, du wunderbares Weib, daß du,
Athenä gleich, an eines Kriegsheers Spitze,
Wie aus den Wolken nieder, unbeleidigt,
In unsern Streit vor Troja plötzlich fällst?
Was treibt, vom Kopf zu Fuß in Erz gerüstet,
So unbegriffner Wuth voll, Furien ähnlich,
Dich gegen das Geschlecht der Griechen an;
Du, die sich bloß in ihrer Schöne ruhig
Zu zeigen brauchte, Liebliche, das ganze
Geschlecht der Männer dir im Staub zu sehn?

**Penthesilea.**
Ach, Nereïdensohn – Sie ist mir nicht,
Die Kunst vergönnt, die sanftere, der Frauen!
Nicht bei dem Fest, wie deines Landes Töchter,
Wenn zu wetteifernd frohen Übungen
Die ganze Jugendpracht zusammenströmt,
Darf ich mir den Geliebten ausersehn;

Nicht mit dem Strauß, so oder so gestellt,
Und dem verschämten Blick, ihn zu mir locken;
Nicht in dem Nachtigall-durchschmetterten
Granatwald, wenn der Morgen glüht, ihm sagen,
An seine Brust gesunken, daß er's sei.
Im blut'gen Feld der Schlacht muß ich ihn suchen,
Den Jüngling, den mein Herz sich auserkohr,
Und ihn mit ehrnen Armen mir ergreifen,
Den diese weiche Brust empfangen soll.

**Achilles**.
Und woher quillt, von wannen ein Gesetz,
Unweiblich, du vergiebst mir, unnatürlich,
Dem übrigen Geschlecht der Menschen fremd?

**Penthesilea**.
Fern aus der Urne alles Heiligen,
O Jüngling: von der Zeiten Gipfeln nieder,
Den unbetretnen, die der Himmel ewig
In Wolkenduft geheimnisvoll verhüllt.
Der ersten Mütter Wort entschied es also,
Und dem verstummen wir, Neridensohn,
Wie deiner ersten Väter Worten du.

**Achilles**.
Sei deutlicher.

**Penthesilea**. Wohlan! So höre mich. –
Wo jetzt das Volk der Amazonen herrschet,
Da lebte sonst, den Göttern unterthan,
Ein Stamm der Scythen, frei und kriegerisch,
Jedwedem andern Volk der Erde gleich.
Durch Reih'n schon nannt' er von Jahrhunderten
Den Kaukasus, den fruchtumblühten, sein:
Als Vexoris, der Aethioper König,
An seinem Fuß erschien, die Männer rasch,

Die kampfverbundnen, vor sich niederwarf,
Sich durch die Thäler goß, und Greis' und Knaben,
Wo sein gezückter Stahl sie traf, erschlug:
Das ganze Prachtgeschlecht der Welt gieng aus.
Die Sieger bürgerten, barbarenartig,
In unsre Hütten frech sich ein, ernährten
Von unsrer reichen Felder Früchten sich,
Und voll der Schande Maas uns zuzumessen,
Ertrotzten sie der Liebe Gruß sich noch:
Sie rissen von den Gräbern ihrer Männer
Die Fraun zu ihren schnöden Betten hin.

**Achilles**.
Vernichtend war das Schicksal, Königinn,
Das deinem Frauenstaat das Leben gab.

**Penthesilea**.
Doch Alles schüttelt, was ihm unerträglich,
Der Mensch von seinen Schultern sträubend ab;
Den Druck nur mäß'ger Leiden duldet er.
Durch ganze Nächte lagen, still und heimlich,
Die Frau'n im Tempel Mars, und höhlten weinend
Die Stufen mit Gebet um Rettung aus.
Die Betten füllten, die entweihten, sich
Mit blankgeschliff'nen Dolchen an, gekeilt,
Aus Schmuckgeräthen, bei des Heerdes Flamme,
Aus Senkeln, Ringen, Spangen: nur die Hochzeit
Ward, des Aethioper Königs Vexoris
Mit Tanaïs, der Königinn, erharrt,
Der Gäste Brust zusammt damit zu küssen.
Und als das Hochzeitsfest erschienen war,
Stieß ihm die Kön'ginn ihren in das Herz;
Mars, an des Schnöden Statt, vollzog die Ehe,
Und das gesammte Mordgeschlecht, mit Dolchen,
In einer Nacht, ward es zu Tod gekitzelt.

**Achilles.**
Solch' eine That der Weiber läßt sich denken.

**Penthesilea.**
Und dies jetzt ward im Rath des Volks beschlossen:
Frei, wie der Wind auf offnem Blachfeld, sind
Die Frau'n, die solche Heldenthat vollbracht,
Und dem Geschlecht der Männer nicht mehr dienstbar.
Ein Staat, ein mündiger, sei aufgestellt,
Ein Frauenstaat, den fürder keine andre
Herrschsücht'ge Männerstimme mehr durchtrotzt,
Der das Gesetz sich würdig selber gebe,
Sich selbst gehorche, selber auch beschütze:
Und Tanaïs sei seine Königinn.
Der Mann, deß' Auge diesen Staat erschaut,
Der soll das Auge gleich auf ewig schließen;
Und wo ein Knabe noch gebohren wird,
Von der Tyrannen Kuß, da folg' er gleich
Zum Orkus noch den wilden Vätern nach.
Der Tempel Ares füllte sich sogleich
Gedrängt mit Volk, die große Tanaïs
Zu solcher Satzung Schirmerinn zu krönen.
Gerad' als sie, im festlichsten Moment,
Die Altarstuf' erstieg, um dort den Bogen,
Den großen, goldenen, des Scythenreichs,
Den sonst die Könige geführt, zu greifen,
Von der geschmückten Oberpriesterinn Hand,
Ließ eine Stimme also sich vernehmen:
»Den Spott der Männer werd' er reizen nur,
Ein Staat, wie der, und gleich dem ersten Anfall
Des kriegerischen Nachbarvolks erliegen:
Weil doch die Kraft des Bogens nimmermehr,
Von schwachen Frau'n beengt durch volle Brüste,
Leicht, wie von Männern, sich regieren würde.«

Die Königinn stand einen Augenblick,
Und harrte still auf solcher Rede Glück;
Doch als die feige Regung um sich griff,
Riß sie die rechte Brust sich ab, und taufte:
Die Fraun, die den Bogen spannen würden,
Und fiel zusammen, eh' sie noch vollendet:
Die Amazonen oder Busenlosen!
Hierauf ward ihr die Krone aufgesetzt.

**Achilles.**
Nun denn, beim Zeus, die brauchte keine Brüste!
Die hätt' ein Männervolk beherrschen können,
Und meine ganze Seele beugt sich ihr.

**Penthesilea.**
Still auch auf diese That ward's, Peleïde,
Nichts als der Bogen ließ sich schwirrend hören,
Der aus den Händen, leichenbleich und starr,
Der Oberpriesterinn daniederfiel.
Er stürzt', der große, goldene, des Reichs,
Und klirrte von der Marmorstufe dreimal,
Mit dem Gedrön der Glocken, auf, und legte,
Stumm wie der Tod, zu ihren Füssen sich. –

**Achilles.**
Man folgt ihr, hoff' ich doch, im Staat der Frauen,
In diesem Beispiel nicht?

**Penthesilea.** Nicht – allerdings!
Man gieng so lebhaft nicht zu Werk als sie.

**Achilles.** *(mit Erstaunen)*
Wie! Also doch – ? Unmöglich!

**Penthesilea.** Was sagst du?

**Achilles.**
– Die ungeheure Sage wäre wahr?

Und alle diese blühenden Gestalten,
Die dich umstehn, die Zierden des Geschlechts,
Vollständig, einem Altar gleich, jedwede
Geschmückt, in Liebe davor hinzuknien,
Sie sind beraubt, unmenschlich, frevelhaft – ?

**Penthesilea.**
Hast du das nicht gewußt?

**Achilles.** *(indem er sein Gesicht an ihre Brust drückt)*
O Königinn!
Der Sitz der jungen, lieblichen Gefühle,
Um eines Wahns, barbarisch –

**Penthesilea.** Sei ganz ruhig.
Sie retteten in diese Linke sich,
Wo sie dem Herzen um so näher wohnen.
Du wirst mir, hoff' ich, deren keins vermissen. –

**Achilles.**
Fürwahr! Ein Traum, geträumt in Morgenstunden,
Scheint mir wahrhaft'ger, als der Augenblick.
– Doch weiter.

**Penthesilea.** Wie?

**Achilles.** Du bist den Schluß noch schuldig.
Denn dieser überstolze Frauenstaat,
Der ohn' der Männer Hülf' entstand, wie pflanzt er
Doch ohne Hülfe sich der Männer fort?
Wirft euch Deukalion, von Zeit zu Zeit,
Noch seiner Schollen Eine häuptlings zu?

**Penthesilea.**
So oft nach jährlichen Berechnungen,
Die Königinn dem Staat ersetzen will,
Was ihr der Tod entrafft, ruft sie die blühendsten
Der Frauen –

*(stockt und sieht ihn an)*
Warum lächelst du?

**Achilles.** Wer? Ich?

**Penthesilea.**
Mich dünkt, du lächelst, Lieber.

**Achilles.** – Deiner Schöne.
Ich war zerstreut. Vergieb. Ich dachte eben,
Ob du mir aus dem Monde niederstiegst? –

**Penthesilea.** *(nach einer Pause)*
So oft, nach jährlichen Berechnungen,
Die Königinn, was ihr der Tod entrafft,
Dem Staat ersetzen will, ruft sie die blüh'ndsten
Der Fraun, von allen Enden ihres Reichs,
Nach Themiscyra hin, und fleht, im Tempel
Der Artemis, auf ihre jungen Schöße
Den Seegen keuscher Marsbefruchtung nieder.
Ein solches Fest heißt, still und weich gefeiert,
Der blühnden Jungfraun Fest, wir warten stets,
Bis – wenn das Schneegewand zerhaucht, der Frühling
Den Kuß drückt auf den Busen der Natur.
Diana's heil'ge Priesterinn verfügt,
Auf dies Gesuch, sich in den Tempel Mars,
Und trägt, am Altar hingestreckt, dem Gott
Den Wunsch der weisen Völkermutter vor.
Der Gott dann, wenn er sie erhören will,
– Denn oft verweigert er's, die Berge geben,
Die schneeigen, der Nahrung nicht zu viel –
Der Gott zeigt uns, durch seine Priesterinn,
Ein Volk an, keusch und herrlich, das, statt seiner,
Als Stellvertreter, uns erscheinen soll.
Des Volkes Nam' und Wohnsitz ausgesprochen,
Ergeht ein Jubel nun durch Stadt und Land.

Marsbräute werden sie begrüßt, die Jungfraun,
Beschenkt mit Waffen, von der Mütter Hand,
Mit Pfeil' und Dolch, und allen Gliedern fliegt,
Von ems'gen Händen jauchzend rings bedient,
Das erzene Gewand der Hochzeit an.
Der frohe Tag der Reise wird bestimmt,
Gedämpfter Tuben Klang ertönt, es schwingt
Die Schaar der Mädchen flüsternd sich zu Pferd,
Und still und heimlich, wie auf woll'nen Sohlen,
Geht's in der Nächte Glanz, durch Thal und Wald,
Zum Lager fern der Auserwählten hin.
Das Land erreicht, ruhn wir, an seiner Pforte,
Uns noch zwei Tage, Thier' und Menschen, aus:
Und wie die feuerrothe Windsbraut brechen
Wir plötzlich in den Wald der Männer ein,
Und wehn die Reifsten derer, die da fallen,
Wie Saamen, wenn die Wipfel sich zerschlagen,
In unsre heimathlichen Fluren hin.
Hier pflegen wir, im Tempel Diana's, ihrer,
Durch heil'ger Feste Reih'n, von denen mir
Bekannt nichts, als der Name: Rosenfest –
Und denen sich, bei Todesstrafe, niemand,
Als nur die Schaar der Bräute nahen darf –
Bis uns die Saat selbst blühend aufgegangen;
Beschenken sie, wie Könige zusammt;
Und schicken sie, am Fest der reifen Mütter,
Auf stolzen Prachtgeschirren wieder heim.
Dies Fest dann freilich ist das frohste nicht,
Neridensohn – denn viele Thränen fließen,
Und manches Herz, von düsterm Gram ergriffen,
Begreift nicht, wie die große Tanaïs
In jedem ersten Wort zu preisen sei. –
Was träumst du?

**Achilles.** Ich?

**Penthesilea.** Du.

**Achilles** *(zerstreut)* Geliebte, mehr,
Als ich in Worte eben fassen kann.
– – Und auch mich denkst du also zu entlassen?

**Penthesilea.**
Ich weiß nicht, Lieber. Frag' mich nicht. –

**Achilles,** Traun! Seltsam. –
*(er versinkt in Nachdenken)*
– Doch einen Aufschluß noch gewährst du mir.

**Penthesilea.**
Sehr gern, mein Freund. Sei dreist.

**Achilles.** Wie fass' ich es,
Daß du gerade *mich* so heiß verfolgtest?
Es schien, ich sei bekannt dir.

**Penthesilea.** Allerdings.

**Achilles.**
Wodurch?

**Penthesilea.**
Willst du der Thörigten nicht lächeln?

**Achilles.** *(lächelnd)*
Ich weiß nicht, sag' ich jetzt, wie du.

**Penthesilea.** Nun denn,
Du sollst's erfahren. – Sieh ich hatte schon
Das heitre Fest der Rosen zwanzigmal
Erlebt und drei, und immer nur von fern,
Wo aus dem Eichenwald der Tempel ragt,
Den frohen Jubelschall gehört, als Ares,
Bei der Otrere, meiner Mutter, Tod,

Zu seiner Braut mich auserkohr. Denn die
Prinzessinnen, aus meinem Königshaus,
Sie mischen nie aus eigener Bewegung,
Sich in der blüh'nden Jungfraun Fest; der Gott,
Begehrt er ihrer, ruft sie würdig auf.
Durch seiner großen Oberpriest'rinn Mund.
Die Mutter lag, die bleiche, scheidende,
Mir in den Armen eben, als die Sendung
Des Mars mir feierlich im Pallast erschien,
Und mich berief, nach Troja aufzubrechen,
Um ihn von dort bekränzt heranzuführen.
Es traf sich, daß kein Stellvertreter je
Ernannt noch ward, willkommener den Bräuten,
Als die Helenenstämme, die sich dort umkämpften.
An allen Ecken hörte man erjauchzend,
Auf allen Märkten, hohe Lieder schallen,
Die des Hero'nkriegs Thaten feierten:
Vom Paris-Apfel, dem Helenenraub,
Von den geschwaderführenden Atriden,
Vom Streit um Briseïs, der Schiffe Brand,
Auch von Patroklus Tod, und welche Pracht
Du des Triumphes rächend ihm gefeiert;
Und jedem großen Auftritt dieser Zeit. –
In Thränen schwamm ich, jammervolle, hörte
Mit halbem Ohr nur, was die Botschaft mir,
In der Otrere Todesstunde, brachte;
»Laß mich dir bleiben, rief ich, meine Mutter,
Dein Ansehn, brauch' es heut' zum Letztenmal,
Und heiße diese Frauen wieder gehn.«
Doch sie, die würd'ge Königinn, die längst
Mich schon ins Feld gewünscht – denn ohne Erben
War, wenn sie starb, der Thron und eines andern
Ehrgeitz'gen Nebenstammes Augenmerk –
Sie sagte: »geh, mein süsses Kind! Mars ruft dich!

Du wirst den Peleïden dir bekränzen:
Werd' eine Mutter, stolz und froh, wie ich
Und drückte sanft die Hand mir, und verschied.

**Prothoe.**
So nannte sie den Namen dir, Otrere?

**Penthesilea.**
– Sie nannt' ihn, Prothoe, wie's einer Mutter
Wohl im Vertrau'n zu ihrer Tochter ziemt.

**Achilles.**
Warum? Weshalb? Verbeut dies das Gesetz?

**Penthesilea.**
Es schickt sich nicht, daß eine Tochter Mars
Sich ihren Gegner sucht, den soll sie wählen,
Den ihr der Gott im Kampf erscheinen läßt.
Doch wohl ihr, zeigt die Strebende sich da,
Wo ihr die Herrlichsten entgegenstehn.
– Nicht, Prothoe?

**Prothoe.** So ist's.

**Achilles.** Nun – ?

**Penthesilea.** – Lange weint' ich,
Durch einen ganzen kummervollen Mond,
An der Verblichnen Grab, die Krone selbst,
Die herrenlos am Rande lag, nicht greifend,
Bis mich zuletzt der wiederholte Ruf
Des Volks, das den Pallast mir ungeduldig,
Bereit zum Kriegeszug, umlagerte,
Gewaltsam auf den Thron riß. Ich erschien,
Wehmüthig strebender Gefühle voll,
Im Tempel Mars, den Bogen gab man mir,
Den klirrenden, des Amazonenreichs,
Mir war, als ob die Mutter mich umschwebte,

Da ich ihn griff, nichts schien mir heiliger,
Als ihren letzten Willen zu erfüllen.
Und da ich Blumen noch, die duftigsten,
Auf ihren Sarkophag gestreut, brach ich
Jetzt mit dem Heer der Amazonen auf,
Nach der Dardanerburg – Mars weniger,
Dem großen Gott, der mich dahin gerufen,
Als der Otrere Schatten, zu gefallen.

**Achilles.**
Wehmuth um die Verblichne lähmte flüchtig
Die Kraft, die deine junge Brust sonst ziert.

**Penthesilea.**
Ich liebte sie.

**Achilles.** Nun? Hierauf? –

**Penthesilea.** In dem Maaße,
Als ich mich dem Skamandros näherte,
Und alle Thäler rings, die ich durchrauschte,
Von dem Trojanerstreite wiederhallten,
Schwand mir der Schmerz, und meiner Seele gieng
Die große Welt des heitern Krieges auf.
Ich dachte so: wenn sie sich allzusammt,
Die großen Augenblicke der Geschichte,
Mir wiederholten, wenn die ganze Schaar
Der Helden, die die hohen Lieder feiern,
Herab mir aus den Sternen stieg', ich fände
Doch keinen Trefflichern, den ich mit Rosen
Bekränzt', als ihn, den mir die Mutter ausersehn –
Den Lieben, Wilden, Süßen, Schrecklichen.
Den Überwinder Hektors! O Pelide!
Mein ewiger Gedanke, wenn ich wachte,
Mein ew'ger Traum warst du! Die ganze Welt
Lag wie ein ausgespanntes Musternetz

Vor mir; in jeder Masche, weit und groß,
War deiner Thaten Eine eingeschürzt,
Und in mein Herz, wie Seide weiß und rein,
Mit Flammenfarben jede brannt' ich ein.
Bald sah ich dich, wie du ihn niederschlugst,
Vor Ilium, den flücht'gen Priamiden;
Wie du, entflammt von hoher Siegerlust,
Das Antlitz wandtest, während er die Scheitel,
Die blutigen, auf nackter Erde schleifte;
Wie Priam fleh'nd in deinem Zelt erschien –
Und heiße Thränen weint' ich, wenn ich dachte,
Daß ein Gefühl doch, Unerbittlicher,
Den marmorharten Busen dir durchzuckt.

**Achilles.**
Geliebte Königinn!

**Penthesilea.** Wie aber ward mir,
O Freund, als ich dich selbst erblickte – !
Als du mir im Skamandros-Thal erschienst,
Von den Heroen deines Volks umringt,
Ein Tagsstern unter bleichen Nachtgestirnen!
So müßt' es mir gewesen sein, wenn er
Unmittelbar, mit seinen weißen Rossen,
Von dem Olymp herabgedonnert wäre,
Mars selbst, der Kriegsgott, seine Braut zu grüßen!
Geblendet stand ich, als du jetzt entwichen,
Von der Erscheinung da – wie wenn zur Nachtzeit
Der Blitz vor einen Wandrer fällt, die Pforten
Elisiums, des glanzerfüllten, rasselnd,
Vor einem Geist sich öffnen und verschließen.
Im Augenblick, Pelid', errieth ich es,
Von wo mir das Gefühl zum Busen rauschte;
Der Gott der Liebe hatte mich ereilt.
Doch von zwei Dingen schnell beschloß ich Eines,

Dich zu gewinnen, oder umzukommen:
Und jetzt ist mir das Süßere erreicht.
– Was blickst du?

*(Man hört ein Waffengeräusch in der Ferne)*

**Prothoe.** *(heimlich)* Göttersohn! Ich bitte dich.
Du mußt dich augenblicklich ihr erklären.

**Penthesilea.** *(aufbrechend)*
Argiver nah'n. Ihr Fraun! Erhebt euch!

**Achilles.** *(sie haltend)* Ruhig!
Es sind Gefangne, meine Königinn.

**Penthesilea.**
Gefangene?

**Prothoe.** *(heimlich zum Achilles)*
Es ist Ulyß, beim Styx!
Die Deinen, heiß gedrängt von Meroe, weichen!

**Achilles.** *(in den Bart murmelnd)*
Daß sie zu Felsen starrten!

**Penthesilea.** Sagt! Was giebt's?

**Achilles.** *(mit erzwungener Heiterkeit)*
Du sollst den Gott der Erde mir gebähren!
Prometheus soll von seinem Sitz erstehn,
Und dem Geschlecht der Welt verkündigen:
Hier ward ein Mensch, so hab' ich ihn gewollt!
Doch nicht nach Temiscyra folg' ich dir,
Vielmehr du, nach der blüh'nden Phtya, mir:
Denn dort, wenn meines Volkes Krieg beschlossen,
Führ' ich dich jauchzend hin, und setze dich,
Ich Seeliger, auf meiner Väter Thron.

*(Das Geräusch dauert fort)*

**Penthesilea.**
Wie? Was? Kein Wort begreif' ich –

**Die Frauen.** *(Unruhig)* All' ihr Götter!

**Prothoe.**
Neridensohn! Willst du – ?

**Penthesilea.** Was ist's? Was giebt's denn?

**Achilles.**
Nichts, nichts, erschrick nicht, meine Königinn,
Du siehst, es drängt die Zeit, wenn du nun hörst,
Was über dich der Götter Schaar verhängt.
Zwar durch die Macht der Liebe bin ich dein,
Und ewig diese Banden trag' ich fort;
Doch durch der Waffen Glück gehörst du mir;
Bist mir zu Füssen, Treffliche, gesunken,
Als wir im Kampf uns trafen, nicht ich dir.

**Penthesilea.** *(sich aufraffend)*
Entsetzlicher!

**Achilles.** Ich bitte dich, Geliebte!
Kronion selbst nicht ändert, was geschehn.
Beherrsche dich, und höre, wie ein Felsen,
Den Boten an, der dort, wenn ich nicht irre,
Mit irgend einem Unheilswort mir naht.
Denn dir, begreifst du wohl, dir bringt er nichts,
Dein Schicksal ist auf ewig abgeschlossen;
Gefangen bist du mir, ein Höllenhund
Bewacht dich minder grimmig, als ich dich.

**Penthesilea.**
Ich die Gefangne dir?

**Prothoe.** So ist es Königinn!

**Penthesilea.** *(die Hände aufhebend)*
Ihr ewigen Himmelsmächt'! Euch ruf' ich auf!

## Sechzehnter Auftritt.

*Ein* ***Hauptmann*** *(tritt auf) das* ***Gefolge des Achilles*** *(mit seiner Rüstung) Die* ***Vorigen.***

**Achilles.**
Was bringst du mir?

**Der Hauptmann.** Entferne dich, Pelide!
Das Schlachtglück lockt, das wetter-wendische,
Die Amazonen siegreich wieder vor.
Auf diesen Platz hier stürzen sie heran,
Und ihre Loosung ist: Penthesilea!

**Achilles.** *(steht auf und reißt sich die Kränze ab)*
Die Waffen mir herbei! Die Pferde vor!
Mit meinem Wagen rädern will ich sie!

**Penthesilea.** *(mit zitternder Lippe)*
Nein, sieh' den Schrecklichen! ist das derselbe – ?

**Achilles.** *(wild)*
Sind sie noch weit von hier?

**Der Hauptmann.** Hier in dem Thal
Erblickst du ihren goldnen Halbmond schon.

**Achilles.** *(indem er sich rüstet)*
Bringt sie hinweg!

**Ein Grieche.** Wohin?

**Achilles.** Ins Griechenlager,
In wenig Augenblicken folg' ich euch.

**Der Grieche**. *(zu Penthesilea)*
Erhebe dich.

**Prothoe**. O meine Königinn!

**Penthesilea**. *(ausser sich)*
Mir keinen Blitz, Zeus, sendest du herab!

## Siebenzehnter Auftritt.

*Ulysses und Diomedes (mit dem Heer) Die Vorigen.*

**Diomedes** *(über die Bühne ziehend)*
Vom Platz hier fort, Doloperheld! Vom Platze!
Den einz'gen Weg, der dir noch offen bleibt,
Den schneiden dir die Frauen eben ab.
Hinweg!
*(ab)*

**Ulysses**. Schafft diese Kön'ginn fort, ihr Griechen.

**Achilles**. *(zum Hauptmann)*
Alexis! Thu mir den Gefallen. Hilf ihr.

**Der Grieche**. *(Zum Hauptmann)*
Sie regt sich nicht.

**Achilles**. *(zu den Griechen, die ihn bedienen)*
Den Schild mir her! Den Spieß!
*(aufrufend, da sich die Königinn sträubt)*
Penthesilea!

**Penthesilea**. O Neridensohn!
Du willst mir nicht nach Themiscyra folgen?
Du willst mir nicht zu jenem Tempel folgen,
Der aus den fernen Eichenwipfeln ragt?
Komm' her, ich sagte dir noch Alles nicht –

**Achilles.** *(nun völlig gerüstet, tritt vor sie und reicht ihr die Hand)*
Nach Phtya, Kön'ginn.

**Penthesilea.** O! – Nach Themiscyra!
O! Freund! Nach Themiscyra, sag' ich dir,
Wo Dianas Tempel aus den Eichen ragt!
Und wenn der Seel'gen Sitz in Phtya wäre,
Doch, doch, o! Freund! nach Themiscyra noch,
Wo Dianas Tempel aus den Wipfeln ragt!

**Achilles.** *(indem er sie aufhebt)*
So mußt du mir vergeben, Theuerste;
Ich bau' dir solchen Tempel bei mir auf.

## Achtzehnter Auftritt.

*Meroe, Asteria (mit dem) Heer der Amazonen (treten auf)*
*Die Vorigen.*

**Meroe.**
Schlagt ihn zu Boden!

**Achilles.** *(läßt die Königinn fahren und wendet sich)*
Reiten sie auf Stürmen?

**Die Amazonen.** *(sich zwischen Penthesilea und Achilles eindrängend)*
Befreit die Königinn!

**Achilles.** Bei dieser Rechten, sag' ich!
*(er will die Königinn mit sich fortziehen)*

**Penthesilea.** *(ihn nach sich ziehend)*
Du folgst mir nicht? Folgst nicht?

**Die Amazonen.** *(spannen ihre Bogen)*

**Ulysses.** Fort! Rasender!
Hier ist der Ort nicht mehr, zu trotzen. – Folgt!

*(Er reißt den Achill hinweg. Alle ab)*

## Neunzehnter Auftritt.

*Die* **Oberpriesterinn** *der Diana (mit ihren)* **Priesterinnen.** *Die* **Vorigen.** *(ohne die Griechen)*

**Die Amazonen.**
Triumph! Triumph! Triumph! Sie ist gerettet!

**Penthesilea.** *(nach einer Pause)*
Verflucht sei dieser schändliche Triumph mir!
Verflucht jedwede Zunge, die ihn feiert,
Die Luft verflucht mir, die ihn weiter bringt!
War ich, nach jeder würd'gen Rittersitte,
Nicht durch das Glück der Schlacht ihm zugefallen?
Wenn das Geschlecht der Menschen unter *sich*,
Mit Wolf und Tieger nicht, im Streite liegt:
Giebt's ein Gesetz, frag' ich, in solchem Kriege,
Das den Gefangenen, der sich ergeben,
Aus seines Siegers Banden lösen kann?
– Neridensohn!

**Die Amazonen.** Ihr Götter, hört' ich recht?

**Meroe.**
Ehrwürd'ge Priesterinn der Artemis,
Trit näher vor, ich bitte dich –

**Asteria.** Sie zürnt,
Weil wir sie aus der Knechtschaft Schmach befreiten!

**Die Oberpriesterinn.** *(aus dem Gewühl der Frauen hervortretend)*
Nun denn, du setzest würdig, Königinn,
Mit diesem Schmähungswort, muß ich gestehn,
Den Thaten dieses Tags die Krone auf.
Nicht bloß, daß du, die Sitte wenig achtend,

Den Gegner dir im Feld der Schlacht gesucht,
Nicht bloß, daß du, statt ihn in Staub zu werfen,
Ihm selbst im Kampf erliegst, nicht bloß, daß du
Zum Lohn dafür ihn noch mit Rosen kränzest:
Du zürnst auch deinem treuen Volke noch,
Das deine Ketten bricht, du wendest dich,
Und rufst den Überwinder dir zurück.
Wohlan denn große Tochter Tanaïs,
So bitt' ich – ein Versehn war's, weiter nichts –
Für diese rasche That dich um Verzeihung.
Das Blut, das sie gekostet, reut mich jetzt,
Und die Gefangnen, eingebüßt um dich,
Wünsch' ich von ganzer Seele mir zurück.
Frei, in des Volkes Namen, sprech' ich dich;
Du kannst den Fuß jetzt wenden, wie du willst,
Kannst ihn mit flatterndem Gewand ereilen,
Der dich in Fesseln schlug, und ihm den Riß,
Da, wo wir sie zersprengten, überreichen:
Also ja will's das heil'ge Kriegsgesetz!
Uns aber, uns vergönnst du, Königinn,
Den Krieg jetzt aufzugeben, und den Fuß
Nach Themiscyra wieder heimzusetzen;
Wir mindestens, wir können jene Griechen,
Die dort entfliehn, nicht *bitten*, stillzustehn,
Nicht, so wie du, den Siegskranz in der Hand,
Zu unsrer Füsse Staub sie nieder *flehn*.

*(Pause)*

**Penthesilea.** *(wankend)*
Prothoe!

**Prothoe.** Mein Schwesterherz!

**Penthesilea.** Ich bitte dich, bleib bei mir.

**Prothoe.**
Im Tod, du weißt – – Was bebst du, meine Königinn?

**Penthesilea.**
Nichts, es ist nichts, ich werde gleich mich sammeln.

**Prothoe.**
Ein großer Schmerz traf dich. Begegn' ihm groß.

**Penthesilea.**
Sie sind verloren?

**Prothoe.** Meine Königinn?

**Penthesilea.**
Die ganze junge Prachtschaar, die wir fällten? –
Sie sinds durch mich?

**Prothoe.** Beruh'ge dich. Du wirst sie
In einem andern Krieg' uns wiederschenken.

**Penthesilea.** *(an ihren Busen)*
O niemals!

**Prothoe.** Meine Königinn?

**Penthesilea.** O niemals!
Ich will in ew'ge Finsterniß mich bergen!

## Zwanzigster Auftritt.

*Ein **Herold** (tritt auf) Die **Vorigen**.*

**Meroe.**
Ein Herold naht dir, Königinn!

**Asteria.** Was willst du?

**Penthesilea** *(mit schwacher Freude)*
Von dem Peliden! – Ach, was werd' ich hören?
Ach, Prothoe, heiß' ihn wieder gehn!

**Prothoe.** Was bringst du?

**Der Herold.**
Mich sendet dir Achilleus, Königinn,
Der schilfumkränzten Nereïde Sohn,
Und läßt durch meinen Mund dir kündigen:
Weil dich Gelüst' treibt, als Gefangnen ihn
Nach deinen Heimathsfluren abzuführen,
Ihn aber auch hinwiederum Gelüst,
Nach seinen heimathlichen Fluren dich:
So fordert er zum Kampf, auf Tod und Leben,
Noch einmal dich ins Feld hinaus, auf daß
Das Schwerdt, des Schicksaals ehrne Zung' entscheide,
In der gerechten Götter Angesicht,
Wer würdig sei, du oder er, von beiden,
Den Staub nach ihrem heiligen Beschluß,
Zu seines Gegners Füßen aufzulecken.
Hast du's auf solchen Strauß zu wagen Lust?

**Penthesilea.** *(mit einerfliegenden Blässe)*
Laß dir vom Wetterstrahl die Zunge lösen,
Verwünschter Redner, eh' du wieder sprichst!
Hört' ich doch einen Sandblock just so gern,
Endlosen Falls, bald hier, bald dort anschmetternd,
Dem klafternhohen Felsenriff entpoltern.
*(zu Prothoe)*
– Du mußt es Wort für Wort mir wiederholen.

**Prothoe.** *(zitternd)*
Der Sohn des Peleus, glaub' ich, schickt ihn her,
Und fordert dich auf's Feld hinaus;
Verweig're kurz dich ihm, und sage, nein.

**Penthesilea.**
Es ist nicht möglich.

**Prothoe.** Meine Königinn?

**Penthesilea.**
Der Sohn des Peleus fordert mich ins Feld?

**Prothoe.**
Sag' ich dem Mann gleich: nein, und laß ihn gehn?

**Penthesilea.**
Der Sohn des Peleus fordert mich ins Feld?

**Prothoe.**
Zum Kampf ja, meine Herrscherinn, so sagt' ich.

**Penthesilea.**
Der mich zu schwach weiß, sich mit ihm zu messen,
Der ruft zum Kampf mich, Prothoe, ins Feld?
Hier diese treue Brust, sie rührt ihn erst,
Wenn sie sein scharfer Speer zerschmetterte?
Was ich ihm zugeflüstert, hat sein Ohr
Mit der Musik der Rede bloß getroffen?
Des Tempels unter Wipfeln denkt er nicht,
Ein steinern Bild hat meine Hand bekränzt?

**Prothoe.**
Vergiß den Unempfindlichen.

**Penthesilea.** *(glühend)* Nun denn,
So ward die Kraft mir jetzo, ihm zu stehen:
So soll er in den Staub herab, und wenn
Lapiten und Giganten ihn beschüzten!

**Prothoe.**
Geliebte Königinn –

**Meroe.** Bedenkst du auch?

**Penthesilea.** *(sie unterbrechend)*
Ihr sollt *all'* die Gefangnen wieder haben!

**Der Herold.**
Du willst im Kampf dich – ?

**Penthesilea.** Stellen will ich mich:
Er soll im Angesicht der Götter mich,
Die Furien auch ruf' ich herab, mich treffen!

*(Der Donner rollt)*

**Die Oberpriesterinn.**
Wenn dich mein Wort gereitzt, Penthesilea,
So wirst du mir den Schmerz nicht –

**Penthesilea.** *(ihre Thränen unterdrückend)*
Laß, du Heilige!
Du sollst mir nicht umsonst gesprochen haben.

**Meroe.**
Ehrwürd'ge Priesterinn, dein Ansehen brauche.

**Die Oberpriesterinn.**
Hörst du ihn, Königinn, der dir zürnt?

**Penthesilea.** Ihn ruf' ich
Mit allen seinen Donnern mir herab!

**Erste Oberste.** *(in Bewegung,)*
Ihr Fürstinnen –

**Die Zweite.** Unmöglich ist's!

**Die Dritte.** Es *kann* nicht!

**Penthesilea.** *(mit zuckender Wildheit)*
Herbei, Ananke, Führerinn der Hunde!

**Die erste Oberste.**
Wir sind zerstreut, geschwächt –

**Die Zweite.** Wir sind ermüdet –

**Penthesilea.**
Du, mit den Elephanten, Thyrroe!

**Prothoe.** Königinn!
Willst du mit Hunden ihn und Elephanten –

**Penthesilea.**
Ihr Sichelwagen, kommt, ihr blinkenden,
Die ihr des Schlachtfelds Erndefest bestellt,
Kommt, kommt in gräul'gen Schnitterreih'n herbei!
Und ihr, die ihr der Menschen Saat zerdrescht,
Daß Halm und Korn auf ewig untergehen,
Ihr Reuterschaaren, stellt euch um mich her!
Du ganzer Schreckenspomp des Kriegs, dich ruf' ich,
Vernichtender, entsetzlicher, herbei!
*(Sie ergreift den großen Bogen aus einer Amazone Hand)*

**Amazonen.** *(Mit Meuten gekoppelter Hunde. Späterhin Elephanten, Feuerbrände, Sichelwagen u. s. w.)*

**Prothoe.**
Geliebte meiner Seele! Höre mich!

**Penthesilea.** *(sich zu den Hunden wendend)*
Auf, Tigris, jetzt, dich brauch' ich! Auf Leäne!
Auf, mit der Zoddelmähne du, Melampus!
Auf, Akle, die den Fuchs erhascht, auf Sphynx,
Und der die Hirschkuh übereilt, Alektor,
Auf, Oxus, der den Eber niederreißt,
Und der dem Leuen nicht erbebt, Hyrkaon!

*(Der Donner rollt heftig)*

**Prothoe.**
O! Sie ist ausser sich –

**Erste Oberste.** Sie ist wahnsinnig!

**Penthesilea**. *(kniet nieder, mit allen Zeichen des Wahnsinns, während die Hunde ein gräßliches Geheul anstimmen)*
Dich, Ares, ruf' ich jetzt, dich Schrecklichen.
Dich, meines Hauses hohen Gründer, an!
Oh! – – deinen erznen Wagen mir herab:
Wo du der Städte Mauern auch und Thore
Zermalmst, Vertilgergott, gekeilt in Straßen,
Der Menschen Reihen jetzt auch niedertritst;
Oh! – – deinen erznen Wagen mir herab:
Daß ich den Fuß in seine Muschel setze,
Die Zügel greife, durch die Felder rolle,
Und wie ein Donnerkeil aus Wetterwolken,
Auf dieses Griechen Scheitel niederfalle!
*(sie steht auf)*

**Die erste Oberste**.
Ihr Fürstinnen!

**Die Zweite**. Auf! Wehrt der Rasenden!

**Prothoe**.
Hör, meine große Königinn, mich!

**Penthesilea**. *(indem sie den Bogen spannt)*
Ei, lustig!
So muß ich sehn, ob mir der Pfeil noch trifft.
*(sie legt auf Prothoe an)*

**Prothoe** *(niederstürzend)*
Ihr Himmlischen!

**Eine Priesterinn**. *(indem sie sich rasch hinter die Königinn stellt)*
Achill ruft!

**Eine Zweite**. *(eben so)* Der Pelide!

**Eine Dritte**.
Hier steht er hinter dir!

**Penthesilea.** *(Wendet sich)*
Wo?

**Die erste Priesterinn.** War ers nicht?

**Penthesilea.**
Nein, hier sind noch die Furien nicht versammelt.
– Folg' mir, Ananke! Folgt, ihr Anderen!

*(ab mit dem ganzen Kriegstroß unter heftigen Gewitterschlägen)*

**Meroe.** *(indem sie Prothoe aufhebt)*
Die Gräßliche!

**Asteria.** Fort! Eilt ihr nach, ihr Frauen!

**Die Oberpriesterinn.** *(leichenbleich)*
Ihr Ew'gen! Was beschloßt ihr über uns?

*(Alle ab)*

## Einundzwanzigster Auftritt.

*Achilles, Diomedes (treten auf. Späterhin) Ulysses (zuletzt) Der Herold.*

**Achilles.**
Hör', thu mir den Gefallen, Diomed,
Und sag' dem Sittenrichter nichts, dem grämlichen
Odyß, von dem, was ich dir vertraue;
Mir widersteht's, es macht mir Übelkeiten,
Wenn ich den Zug um seine Lippe sehe.

**Diomedes.**
Hast du den Herold ihr gesandt, Pelide?
Ist's wahr? Ists wirklich?

**Achilles.** Ich will dir sagen, Freund:
– Du aber, du erwiederst nichts, verstehst du?

Gar nichts, kein Wort! – Dieß wunderbare Weib,
Halb Furie, halb Grazie, sie liebt mich –
Und allen Weibern Hellas ich zum Trotz,
Beim Styx! beim ganzen Hades! – Ich sie auch.

**Diomedes.**
Was!

**Achilles.**
Ja. Doch eine Grille, die ihr heilig,
Will, daß ich ihrem Schwerdt im Kampf erliege;
Eh' nicht in Liebe kann sie mich umfangen.
Nun schickt' ich –

**Diomedes.** Rasender!

**Achilles.** Er hört mich nicht!
Was er im Weltkreis noch, so lang er lebt,
Mit seinem blauen Auge nicht gesehn,
Das kann er in Gedanken auch nicht fassen.

**Diomedes.**
Du willst – ? Nein, sprich! Du willst – ?

**Achilles.** *(nach einer Pause)* – Was also will ich?
Was ist's, daß ich so Ungeheures will?

**Diomedes.**
Du hast sie in die Schranken bloß gefordert,
Um ihr – ?

**Achilles.** Beim wolkenrüttelnden Kroniden,
Sie *thut* mir nichts, sag' ich! Eh' wird ihr Arm,
Im Zweikampf gegen ihren Busen wüthen,
Und rufen: »Sieg!« wenn er von Herzblut trieft,
Als wider mich! – Auf einen Mond bloß will ich ihr,
In dem, was sie begehrt, zu Willen sein;
Auf einen oder zwei, mehr nicht: das wird

Euch ja den alten, meerzerfreßnen Istmus
Nicht gleich zusammenstürzen! – Frei bin ich dann,
Wie ich aus ihrem eignen Munde weiß,
Wie Wild auf Haiden wieder; und folgt sie mir,
Beim Jupiter! ich wär' ein Seeliger,
Könnt' ich auf meiner Väter Thron sie setzen.

**Ulysses.** *(kommt)*

**Diomedes.**
Komm her, Ulyß, ich bitte dich.

**Ulysses.** Pelide!
Du hast die Königinn ins Feld gerufen;
Willst du, ermüdet, wie die Schaaren sind,
Von Neu'm das oftmißlung'ne Wagstück wagen?

**Diomedes.**
Nichts, Freund, von Wagestücken, nichts von Kämpfen;
Er will sich bloß ihr zu gefangen geben.

**Ulysses.**
Was?

**Achilles.** *(das Blut schießt ihm ins Gesicht)*
Thu mir dein Gesicht weg, bitt' ich dich!

**Ulysses.**
Er will – ?

**Diomedes.** Du hörst's, ja! Ihr den Helm zerkeilen
Gleich einem Fechter, grimmig sehn, und wüthen;
Dem Schild aufdonnern, daß die Funken sprühen,
Und stumm sich, als ein Überwundener,
Zu ihren kleinen Füssen niederlegen.

**Ulysses.**
Ist dieser Mann bei Sinnen, Sohn des Peleus?
Hast du gehört, was er – ?

**Achilles.** *(sich zurückhaltend)*
Ich bitte dich,
Halt deine Oberlippe fest, Ulyß!
Es steckt mich an, bei den gerechten Göttern,
Und bis zur Faust gleich zuckt es mir herab.

**Ulysses.** *(wild)*
Bei dem Kozyth, dem feurigen! Wissen will ich,
Ob meine Ohren hören, oder nicht!
Du wirst mir, Sohn des Tydeus, bitt' ich, jetzt,
Mit einem Eid, daß ich auf's Reine komme,
Bekräftigen, was ich dich fragen werde.
Er will der Königinn sich gefangen geben?

**Diomedes.**
Du hörst's!

**Ulysses.** Nach Themiscyra will er gehn?

**Diomedes.**
So ist's.

**Ulysses.**
Und unseren Helenenstreit,
Vor der Dardanerburg, der Sinnentblößte,
Den will er, wie ein Kinderspiel, weil sich
Was anders Buntes zeigt, im Stiche lassen?

**Diomedes.**
Beim Jupiter! Ich schwör's.

**Ulysses.** *(indem er die Arme verschränkt)*
– Ich kann's nicht glauben.

**Achilles.**
Er spricht von der Dardanerburg.

**Ulysses.** Was?

**Achilles.** Was?

**Ulysses.**
Mich dünckt, du sagtest was.

**Achilles.** Ich?

**Ulysses.** Du!

**Achilles.** Ich sagte:
Er spricht von der Dardanerburg.

**Ulysses.** Nun, ja!
Wie ein Beseßner fragt' ich, ob der ganze
Helenenstreit, vor der Dardanerburg,
Gleich einem Morgentraum, vergessen sei?

**Achilles.** *(indem er ihm näher trit)*
Wenn die Dardanerburg, Laertiade,
Versänke, du verstehst, so daß ein See,
Ein bläulicher, an ihre Stelle träte;
Wenn graue Fischer, bei dem Schein des Monds,
Den Kahn an ihre Wetterhähne knüpften;
Wenn im Pallast des Priamus ein Hecht
Regiert', ein Ottern- oder Ratzenpaar
Im Bette sich der Helena umarmten:
So wär's für mich gerad' so viel, als jetzt.

**Ulysses.**
Beim Styx! Es ist sein voller Ernst, Tydide!

**Achilles.**
Beim Styx! Bei dem Lernäersumpf! Beim Hades!
Der ganzen Oberwelt und Unterwelt,
Und jedem dritten Ort: es ist mein Ernst;
Ich will den Tempel der Diana sehn!

**Ulysses.** *(halb ihm ins Ohr)*
Laß ihn nicht von der Stelle, Diomed,
Wenn du so gut willst sein.

**Diomedes.** Wenn ich – ich glaube!
Sei doch so gut, und leih' mir deine Arme.

**Der Herold.** *(trit auf)*

**Achilles.**
Ha! Stellt sie sich? Was bringst du? Stellt sie sich?

**Der Herold.**
Sie stellt sich, ja, Neridensohn, sie naht schon;
Jedoch mit Hunden auch und Elephanten,
Und einem ganzen wilden Reutertroß:
Was die beim Zweikampf sollen, weiß ich nicht.

**Achilles.**
Gut. Dem Gebrauch, war sie das schuldig. Folgt mir!
– O sie ist listig, bei den ewigen Göttern!
– – Mit Hunden, sagst du?

**Der Herold.** Ja.

**Achilles.** Und Elephanten?

**Der Herold.**
Daß es ein Schrecken ist, zu sehn, Pelide!
Gält' es, die Atreïden anzugreifen,
Im Lager vor der Trojerburg, sie könnte
In keiner finstrern Gräuelrüstung nahn.

**Achilles.** *(in den Bart)*
Die fressen aus der Hand, wahrscheinlich – Folgt mir!
– O! Die sind zahm, wie sie.

*(ab mit dem Gefolge)*

**Diomedes.** Der Rasende!

**Ulysses.**
Laßt uns ihn knebeln, binden – hört ihr Griechen!

**Diomedes.**
Hier nah'n die Amazonen schon – hinweg!

*(Alle ab.)*

## Zweiundzwanzigster Auftritt.

*Die **Oberpriesterinn** (bleich im Gesicht) mehrere andere **Priesterinnen** und **Amazonen**.*

**Die Oberpriesterinn.**
Schafft Stricke her, ihr Frauen!

**Die erste Priesterinn.** Hochwürdigste!

**Die Oberpriesterinn.**
Reißt sie zu Boden nieder! Bindet sie!

**Eine Amazone.**
Meinst du die Königinn?

**Die Oberpriesterinn.** Die Hündinn, mein' ich!
– Der Menschen Hände bänd'gen sie nicht mehr.

**Die Amazonen.**
Hochheil'ge Mutter! Du scheinst ausser dir.

**Die Oberpriesterinn.**
Drei Jungfraun trat sie wüthend in den Staub,
Die wir geschickt, sie aufzuhalten; Meroe,
Weil sie auf Knien sich in den Weg ihr warf.
Bei jedem süssen Namen sie beschwörend,
Mit Hunden hat sie sie hinweggehetzt.
Als ich von fern der Rasenden nur nahte,
Gleich einen Stein, gebückt, mit beiden Händen,
Den grimmerfüllten Blick auf mich gerichtet,
Riß sie vom Boden auf – verloren war ich,
Wenn ich im Haufen nicht des Volks verschwand.

**Die erste Priesterinn.**
Es ist entsetzlich!

**Die Zweite.** Schrecklich ist's, ihr Fraun.

**Die Oberpriesterinn.**
Jetzt unter ihren Hunden wüthet sie,
Mit schaumbedeckter Lipp', und nennt sie Schwestern,
Die heulenden, und der Mänade gleich,
Mit ihrem Bogen durch die Felder tanzend,
Hetzt sie die Meute, die mordathmende,
Die sie umringt, das schönste Wild zu fangen,
Das je die Erde, wie sie sagt, durchschweift.

**Die Amazonen.**
Ihr Orkusgötter! Wie bestraft ihr sie!

**Die Oberpriesterinn.**
Drum mit dem Strick, ihr Arestöchter, schleunig
Dort auf den Kreuzweg hin, legt Schlingen ihr,
Bedeckt mit Sträuchern, vor der Füsse Tritt.
Und reißt, wenn sich ihr Fuß darin verfängt,
Dem wuthgetroffnen Hunde gleich, sie nieder:
Daß wir sie binden, in die Heimath bringen,
Und sehen, ob sie noch zu retten sei.

**Das Heer der Amazonen.** *(außerhalb der Scene)*
Triumph! Triumph! Triumph! Achilleus stürzt!
Gefangen ist der Held! Die Siegerinn,
Mit Rosen wird sie seine Scheitel kränzen!

*(Pause)*

**Die Oberpriesterinn.** *(mit freudebeklemmter Stimme)*
Hört' ich auch recht?

**Die Priesterinnen und Amazonen.**
Ihr hochgeprießnen Götter!

**Die Oberpriesterinn.**
War dieser Jubellaut der Freude nicht?

**Die erste Priesterinn.**
Geschrei des Siegs, o du Hochheilige,
Wie noch mein Ohr keins seeliger vernahm!

**Die Oberpriesterinn.**
Wer schafft mir Kund', ihr Jungfraun?

**Die zweite Priesterinn.** Terpi! rasch!
Sag' an, was du auf jenem Hügel siehst?

**Eine Amazone.** *(die während dessen den Hügel erstiegen mit Entsetzen)*
Euch, ihr der Hölle grauenvolle Götter,
Zu Zeugen ruf' ich nieder – was erblick' ich!

**Die Oberpriesterinn.**
Nun denn – als ob sie die Medus' erblickte!

**Die Priesterinnen.**
Was siehst du? Rede! Sprich!

**Die Amazone.** Penthesilea,
Sie liegt, den grimm'gen Hunden beigesellt,
Sie, die ein Menschenschooß gebahr, und reißt, –
Die Glieder des Achills reißt sie in Stücken!

**Die Oberpriesterinn.**
Entsetzen! o Entsetzen!

**Alle.** Fürchterlich!

**Die Amazone.**
Hier kommt es, bleich, wie eine Leiche, schon
Das Wort des Gräuel-Räthsels uns heran.
*(sie steigt vom Hügel herab)*

## Dreiundzwanzigster Auftritt.

*Meroe (trit auf) Die Vorigen.*

**Meroe.**
O ihr, der Diana heil'ge Priesterinnen,
Und ihr, Mars reine Töchter, hört mich an:
Die afrikanische Gorgone bin ich,
Und wie ihr steht, zu Steinen starr' ich euch.

**Die Oberpriesterinn.**
Sprich, Gräßliche! was ist geschehn?

**Meroe.** Ihr wißt,
Sie zog dem Jüngling, den sie liebt, entgegen,
Sie, die fortan kein Name nennt –
In der Verwirrung ihrer jungen Sinne,
Den Wunsch, den glühenden, ihn zu besitzen,
Mit allen Schrecknissen der Waffen rüstend.
Von Hunden rings umheult und Elephanten,
Kam sie daher, den Bogen in der Hand:
Der Krieg, der unter Bürgern ras't, wenn er,
Die blutumtriefte Graungestalt, einher,
Mit weiten Schritten des Entsetzens geht,
Die Fackel über blühnde Städte schwingend,
Er sieht so wild und scheußlich nicht, als sie.
Achilleus, der, wie man im Heer versichert,
Sie blos ins Feld gerufen, um freiwillig
Im Kampf, der junge Thor, ihr zu erliegen:
Denn er auch, o wie mächtig sind die Götter!
Er liebte sie, gerührt von ihrer Jugend,
Zu Dianas Tempel folgen wollt' er ihr:
Er naht sich ihr, voll süsser Ahndungen,
Und läßt die Freunde hinter sich zurück.
Doch jetzt, da sie mit solchen Gräulnissen
Auf ihn herangrollt, ihn, der nur zum Schein

Mit einem Spieß sich arglos ausgerüstet:
Stutzt er, und dreht den schlanken Hals, und horcht,
Und eilt entsetzt, und stutzt, und eilet wieder:
Gleich einem jungen Reh, das im Geklüfft
Fern das Gebrüll des grimmen Leu'n vernimmt.
Er ruft: Odysseus! mit beklemmter Stimme,
Und sieht sich schüchtern um, und ruft: Tydide!
Und will zurück noch zu den Freunden fliehn;
Und steht, von einer Schaar schon abgeschnitten,
Und hebt die Händ' empor, und duckt und birgt
In eine Fichte sich, der Unglückseel'ge,
Die schwer mit dunkeln Zweigen niederhangt. –
Inzwischen schritt die Königinn heran,
Die Doggen hinter ihr, Gebirg' und Wald
Hochher, gleich einem Jäger, überschauend;
Und da er eben, die Gezweige öffnend,
Zu ihren Füssen niedersinken will:
Ha! sein Geweih verräth' den Hirsch, ruft sie,
Und spannt mit Kraft der Rasenden, sogleich
Den Bogen an, daß sich die Enden küssen,
Und hebt den Bogen auf und zielt und schießt,
Und jagt den Pfeil ihm durch den Hals; er stürzt:
Ein Siegsgeschrei schallt roh im Volk empor.
Jetzt gleichwohl lebt der Aermste noch der Menschen,
Den Pfeil, den weit vorragenden, im Nacken,
Hebt er sich röchelnd auf, und überschlägt sich,
Und hebt sich wiederum und will entfliehn;
Doch, hetz! schon ruft sie: Tigris! hetz, Leäne!
Hetz, Sphynx! Melampus! Dirke! Hetz, Hyrkaon!
Und stürzt – stürzt mit der ganzen Meut', o Diana!
Sich über ihn, und reißt – reißt ihn beim Helmbusch,
Gleich einer Hündinn, Hunden beigesellt,
Der greift die Brust ihm, dieser greift den Nacken,
Daß von dem Fall der Boden bebt, ihn nieder!

Er, in dem Purpur seines Bluts sich wälzend,
Rührt ihre sanfte Wange an, und ruft:
Penthesilea! meine Braut! was thust du?
Ist dies das Rosenfest, das du versprachst?
Doch sie – die Löwinn hätte ihn gehört,
Die hungrige, die wild nach Raub umher,
Auf öden Schneegefilden heulend treibt;
Sie schlägt, die Rüstung ihm vom Leibe reissend,
Den Zahn schlägt sie in seine weiße Brust,
Sie und die Hunde, die wetteifernden,
Oxus und Sphynx den Zahn in seine rechte,
In seine linke sie; als ich erschien,
Troff Blut von Mund und Händen ihr herab.
*(Pause voll Entsetzen)*
Vernahmt ihr mich, ihr Fraun, wohlan so redet,
Und gebt ein Zeichen eures Lebens mir.

*(Pause)*

**Die erste Priesterinn.** *(am Busen der Zweiten weinend)*
Solch eine Jungfrau, Hermia! So sittsam!
In jeder Kunst der Hände so geschickt!
So reizend, wenn sie tanzte, wenn sie sang!
So voll Verstand und Würd' und Grazie!

**Die Oberpriesterinn.**
O die gebahr Otrere nicht! Die Gorgo
Hat im Pallast der Hauptstadt sie gezeugt!

**Die erste Priesterinn.** *(fortfahrend)*
Sie war wie von der Nachtigall gebohren,
Die um den Tempel der Diana wohnt.
Gewiegt im Eichenwipfel saß sie da,
Und flötete, und schmetterte, und flötete,
Die stille Nacht durch, daß der Wandrer horchte,
Und fern die Brust ihm von Gefühlen schwoll.

Sie trat den Wurm nicht, den gesprenkelten,
Der unter ihrer Füsse Sohle spielte,
Den Pfeil, der eines Ebers Busen traf,
Rief sie zurück, es hätte sie sein Auge,
Im Tod gebrochen, ganz zerschmelzt in Reue,
Auf Knieen vor ihn niederziehen können!

*(Pause)*

**Meroe.**
Jetzt steht sie lautlos da, die Grauenvolle,
Bei seiner Leich', umschnüffelt von der Meute,
Und blicket starr, als wär's ein leeres Blatt,
Den Bogen siegreich auf der Schulter tragend,
In das Unendliche hinaus, und schweigt.
Wir fragen mit gesträubten Haaren, sie,
Was sie gethan? Sie schweigt. Ob sie uns kenne?
Sie schweigt. Ob sie uns folgen will? Sie schweigt,
Entsetzen griff mich, und ich floh zu euch.

## Vierundzwanzigster Auftritt.

*Penthesilea. – Die Leiche des Achills (mit einem rothen Teppich bedeckt). – Prothoe und Andere.*

**Die erste Amazone.**
Seht, seht, ihr Frau'n! – Da schreitet sie heran,
Bekränzt mit Nesseln, die Entsetzliche,
Dem dürren Reif des Hag'dorns eingewebt,
An Lorbeer-Schmuckes statt, und folgt der Leiche,
Die Gräßliche, den Bogen festlich schulternd,
Als wärs der Todfeind, den sie überwunden!

**Die zweite Priesterinn.**
O diese Händ' – !

**Die erste Priesterinn.**

O wendet euch ihr Frauen!

**Prothoe.** *(der Oberpriesterinn an den Busen sinkend)*
O meine Mutter!

**Die Oberpriesterinn.** *(mit Entsetzen)*
Diana ruf' ich an:
Ich bin an dieser Gräuelthat nicht schuldig!

**Die erste Amazone.**
Sie stellt sich grade vor die Oberpriesterinn.

**Die Zweite.**
Sie winket, schaut!

**Die Oberpriesterinn.**
Hinweg, du Scheußliche!
Du Hades-Bürgerinn! Hinweg, sag' ich!
Nehmt diesen Schleier, nehmt, und deckt sie zu.
*(sie reißt sich den Schleier ab, und wirft ihn der Königinn ins Gesicht)*

**Die erste Amazone.**
O die lebend'ge Leich'. Es rührt sie nicht – !

**Die Zweite.**
Sie winket immer fort –

**Die Dritte.** Winkt immer wieder –

**Die Erste.**
Winkt immer zu der Priestrinn Füssen nieder –

**Die Zweite.**
Seht, seht!

**Die Oberpriesterinn.**
Was willst du mir? hinweg, sag' ich!
Geh' zu den Raben, Schatten! Fort! Verwese!
Du blickst die Ruhe meines Lebens todt.

**Die erste Amazone.**
Ha! man verstand sie, seht –

**Die Zweite.** Jetzt ist sie ruhig.

**Die Erste.**
Den Peleïden sollte man, das wars,
Vor der Diana-Priestrinn Füßen legen.

**Die Dritte.**
Warum just vor der Diana-Priest'rinn Füssen?

**Die Vierte.**
Was meint sie auch damit?

**Die Oberpriesterinn.** Was *soll* mir das?
Was soll die *Leiche* hier vor mir? Laß sie
Gebirge decken, unzugängliche,
Und den Gedanken deiner That dazu!
War ich's, du – Mensch nicht mehr, wie nenn' ich dich?
Die diesen Mord dir schrecklich abgefordert? –
Wenn ein Verweis, sanft aus der Liebe Mund.
Zu solchen Gräuelnissen treibt, so sollen
Die Furien kommen, und uns Sanftmuth lehren!

**Die erste Amazone.**
Sie blicket immer auf die Priestrinn ein.

**Die Zweite.**
Grad' ihr ins Antlitz –

**Die Dritte.** Fest und unverwandt,
Als ob sie durch und durch sie blicken wollte. –

**Die Oberpriesterinn.**
Geh', Prothoe, ich bitte dich, geh', geh',
Ich kann sie nicht mehr sehn, entferne sie.

**Prothoe.** *(weinend)*
Weh mir!

**Die Oberpriesterinn.**
Entschließe dich!

**Prothoe.** Die That, die sie
Vollbracht hat, ist zu scheußlich; laß mich sein.

**Die Oberpriesterinn.**
Fass' dich. – Sie hatte eine schöne Mutter.
– Geh, biet' ihr deine Hülf' und führ' sie fort.

**Prothoe.**
Ich will sie nie mit Augen wiedersehn! –

**Die zweite Amazone.**
Seht, wie sie jetzt den schlanken Pfeil betrachtet!

**Die Erste.**
Wie sie ihn dreht und wendet –

**Die Dritte.** Wie sie ihn mißt!

**Die erste Priesterinn.**
Das scheint der Pfeil, womit sie ihn erlegt.

**Die erste Amazone.**
So ist's, ihr Fraun!

**Die Erste.** Wie sie vom Blut ihn säubert!
Wie sie an seiner Flecken jeden wischt!

**Die Dritte.**
Was denkt sie wohl dabei?

**Die Zweite.** Und das Gefieder,
Wie sie es trocknet, kräuselt, wie sie's lockt!
So zierlich! Alles, wie es sich gehört.
O seht doch!

**Die Dritte.** Ist sie das gewohnt zu thun?

**Die Erste.**
That sie das sonst auch selber?

**Die erste Priesterinn.** Pfeil und Bogen,
Sie hat sie stets mit eigner Hand gereinigt.

**Die Zweite.**
O heilig hielt sie ihn, das muß man sagen! – –

**Die zweite Amazone.**
Doch jetzt den Köcher nimmt sie von der Schulter,
Und stellt den Pfeil in seinen Schafft zurück.

**Die Dritte.**
Nun ist sie fertig –

**Die Zweite.** Nun ist es geschehen –
Nun sieht sie wieder in die Welt hinaus – !

**Mehrere Frauen.**
O jammervoller Anblick! O so öde
Wie die Sandwüste, die kein Gras gebiehrt!
Lustgärten, die der Feuerstrom verwüstet,
Gekocht im Schoos der Erd' und ausgespieen,
Auf alle Blüthen ihres Busens hin,
Sind anmuthsvoller als ihr Angesicht.

**Penthesilea.** *(ein Schauer schüttelt sie zusammen; sie läßt den Bogen fallen)*

**Die Oberpriesterinn.**
O die Entsetzliche!

**Prothoe** *(erschrocken)*
Nun, was auch giebt's?

**Die erste Amazone.**
Der Bogen stürzt' ihr aus der Hand danieder!

**Die Zweite.**
Seht, wie er taumelt –

**Die Vierte.** Klirrt, und wankt, und fällt – !

**Die Zweite.**
Und noch einmal am Boden zuckt –

**Die Dritte.** Und stirbt,
Wie er der Tanaïs gebohren ward.

*(Pause)*

**Die Oberpriesterinn.** *(sich plötzlich zu ihr wendend)*
Du, meine große Herrscherinn, vergieb mir!
Diana ist, die Göttinn, dir zufrieden,
Besänftigt wieder hast du ihren Zorn.
Die große Stifterinn des Frauenreiches,
Die Tanaïs, das gesteh' ich jetzt, sie hat
Den Bogen würd'ger nicht geführt als du.

**Die erste Amazone.**
Sie schweigt –

**Die Zweite.**
Ihr Auge schwillt –

**Die Dritte.** Sie hebt den Finger,
Den blutigen, was will sie – Seht, o seht!

**Die Zweite.**
O Anblick, herzzerreißender, als Messer!

**Die Erste.**
Sie wischt sich eine Thräne ab.

**Die Oberpriesterinn.** *(an Prothoes Busen zurück sinkend)*
O Diana!
Welch eine Thräne!

**Die erste Priesterinn.**
O eine Thräne, du Hochheil'ge,
Die in der Menschen Brüste schleicht,
Und alle Feuerglocken der Empfindung zieht.
Und: Jammer! rufet, daß das ganze
Geschlecht, das leicht bewegliche, hervor
Stürzt aus den Augen, und in Seen gesammelt,
Um die Ruine ihrer Seele weint.

**Die Oberpriesterinn.** *(mit einem bittern Ausdruck)*
Nun denn – wenn Prothoe ihr nicht helfen will,
So muß sie hier in ihrer Noth vergehn.

**Prothoe.** *(drückt den heftigsten Kampf aus. Drauf, indem sie sich ihr nähert, mit einer immer von Thränen unterbrochenen, Stimme)*
Willst du dich niederlassen, meine Königinn?
Willst du an meiner treuen Brust nicht ruhn?
Viel kämpftest du, an diesem Schreckenstag,
Viel, auch viel littest du – von so viel Leiden
Willst du an meiner treuen Brust nicht ruhn?

**Penthesilea** *(sie sieht sich um, wie nach einem Sessel)*

**Prothoe.**
Schafft einen Sitz herbei! Ihr seht, sie wills.

*(Die Amazonen wälzen einen Stein herbei. Penthesilea läßt sich an Prothoes Hand darauf nieder. Hierauf setzt sich auch Prothoe)*

**Prothoe.**
Du kennst mich doch, mein Schwesterherz?

**Penthesilea.** *(sieht sie an, ihr Antlitz erheitert sich ein wenig)*

**Prothoe.** Prothoe
Bin ich, die dich so zärtlich liebt.

**Penthesilea.** *(streichelt sanft ihre Wange)*

**Prothoe.** O du,
Vor der mein Herz auf Knien niederfällt,
Wie rührst du mich!
*(sie küßt die Hand der Königinn)*
– Du bist wohl sehr ermüdet?
Ach, wie man dir dein Handwerk ansieht, Liebe!
Nun freilich – Siegen geht so rein nicht ab,
Und jede Werkstatt kleidet ihren Meister.
Doch wie, wenn du dich jetzo reinigtest,
Händ' und Gesicht? – Soll ich dir Wasser schaffen?
– – Geliebte Königinn!

**Penthesilea.** *(sie besieht sich und nickt)*

**Prothoe.** Nun ja. Sie will's.
*(sie winkt den Amazonen; diese gehen Wasser zu schöpfen)*
– Das wird dir wohlthun, das wird dich erquicken,
Und sanft, auf kühle Teppiche gestreckt,
Von schwerer Tagesarbeit wirst du ruhn.

**Die erste Priesterinn.**
Wenn man mit Wasser sie besprengt, gebt Acht,
Besinnt sie sich.

**Die Oberpriesterinn.**
O ganz gewiß, das hoff' ich.

**Prothoe.**
Du hoffst's, hochheil'ge Priesterinn? – Ich fürcht' es.

**Die Oberpriesterinn.** *(indem sie zu überlegen scheint)*
Warum? Weshalb? – Es ist nur nicht zu wagen,
Sonst müßte man die Leiche des Achills –

**Penthesilea.** *(blickt die Oberpriesterinn blitzend an)*

**Prothoe.**
Laßt, laßt – !

**Die Oberpriesterinn.**
Nichts, meine Königinn, nichts, nichts!
Es soll dir Alles bleiben, wie es ist. –

**Prothoe.**
Nimm dir den Lorbeer ab, den dornigen,
Wir alle wissen ja, daß du gesiegt.
Und auch den Hals befreie dir – So, so!
Schau! Eine Wund' und das recht tief! Du Arme!
Du hast es dir recht sauer werden lassen –
Nun dafür triumphirst du jetzo auch!
– O Artemis!

**Zwei Amazonen.** *(bringen ein großes flaches Marmorbecken, gefüllt mit Wasser)*

**Prothoe.** Hier setzt das Becken her. –
Soll ich dir jetzt die jungen Scheitel netzen?
Und wirst du auch erschrecken nicht – – ? Was machst du?

**Penthesilea.** *(läßt sich von ihrem Sitz auf Knien vor das Becken niederfallen, und begießt sich das Haupt mit Wasser)*

**Prothoe.**
Sieh da! Du bist ja traun recht rüstig, Königinn!
– Das thut dir wohl recht wohl?

**Penthesilea.** *(sie sieht sich um)* Ach Prothoe!
*(sie begießt sich von Neuem mit Wasser)*

**Meroe.** *(froh)*
Sie spricht!

**Die Oberpriesterinn.**
Dem Himmel sei gedankt!

**Prothoe.** Gut, gut!

**Meroe.**
Sie kehrt ins Leben uns zurück!

**Prothoe.** Vortrefflich!
Das Haupt ganz unter Wasser, Liebe! So!
Und wieder! So, so! Wie ein junger Schwan! –

**Meroe.**
Die Liebliche!

**Die erste Priesterinn.**
Wie sie das Köpfchen hängt!

**Meroe.**
Wie sie das Wasser niederträufeln läßt!

**Prothoe.**
– Bist du jetzt fertig?

**Penthesilea.** Ach! – Wie wunderbar.

**Prothoe.**
Nun denn, so komm' mir auf den Sitz zurück! –
Rasch eure Schleier mir, ihr Priesterinnen,
Daß ich ihr die durchweichten Locken trockne!
So, Phania, deinen! Terpi! helft mir, Schwestern!
Laßt uns ihr Haupt und Nacken ganz verhüllen!
So, so! – Und jetzo auf den Sitz zurück!
*(sie verhüllt die Königinn, hebt sie auf den Sitz, und drückt sie fest an ihre Brust)*

**Penthesilea.**
Wie ist mir?

**Prothoe.** Wohl denk' ich – nicht?

**Penthesilea.** *(lispelnd)* Zum Entzücken!

**Prothoe.**
Mein Schwesterherz! Mein Süsses! O mein Leben!

**Penthesilea.**
O sagt mir! – Bin ich in Elisium?

Bist du der ewigjungen Nymphen Eine,
Die unsre hehre Königinn bedienen,
Wenn sie von Eichen-Wipfeln still umrauscht,
In die krystallne Grotte niedersteigt?
Nahmst du die Züge bloß, mich zu erfreuen,
Die Züge meiner lieben Prothoe an?

**Prothoe.**
Nicht, meine beste Königinn, nicht, nicht.
Ich bin es, deine Prothoe, die dich
In Armen hält, und was du hier erblickst,
Es ist die Welt noch, die gebrechliche,
Auf die nur fern die Götter niederschaun.

**Penthesilea.**
So, so. Auch gut. Recht sehr gut. Es thut nichts.

**Prothoe.**
Wie, meine Herrscherinn?

**Penthesilea.** Ich bin vergnügt.

**Prothoe.**
Erkläre dich, Geliebte. Wir verstehn nicht –

**Penthesilea.**
Daß ich noch bin, erfreut mich. Laßt mich ruhn.

*(Pause)*

**Meroe.**
Seltsam!

**Die Oberpriesterinn.**
Welch' eine wunderbare Wendung!

**Meroe.**
Wenn man geschickt ihr doch entlocken könnte – ?

**Prothoe.**
– Was war es denn, das dir den Wahn erregt,
Du sei'st ins Reich der Schatten schon gestiegen?

**Penthesilea.** *(nach einer Hause, mit einer Art von Verzückung)*
Ich bin so seelig, Schwester! Ueberseelig!
Ganz reif zum Tod' o Diana, fühl' ich mich!
Zwar weiß ich nicht, was hier mit mir geschehn
Doch gleich des festen Glaubens könnt' ich sterben,
Daß ich mir den Peliden überwand.

**Prothoe** *(verstohlen zur Oberpriesterinn)*
Rasch jetzt die Leich' hinweg!

**Penthesilea.** *(sich lebhaft aufrichtend)*
O Prothoe!
Mit wem sprichst du?

**Prothoe.** *(da die beiden Trägerinnen noch säumen)*
Fort, Rasende!

**Penthesilea.** O Diana!
So ist es wahr?

**Prothoe.** Was, fragst du, wahr, Geliebte?
– Hier! Drängt euch dicht heran!
*(sie winkt den Priesterinnen, die Leiche, die aufgehoben wird, mit ihren Leibern zu verbergen)*

**Penthesilea.** *(hält ihre Hände freudig vor's Gesicht)*
Ihr heil'gen Götter!
Ich habe nicht das Herz mich umzusehn.

**Prothoe.**
Was hast du vor? Was denkst du, Königinn?

**Penthesilea.** *(sich umsehend)*
O Liebe, du verstellst dich.

**Prothoe.** Nein, beim Zevs,
Dem ewgen Gott der Welt!

**Penthesilea.** *(mit immer steigender Ungeduld)*
O ihr Hochheiligen,
Zerstreut euch doch!

**Die Oberpriesterinn.** *(sich dicht mit den übrigen Frauen zusammendrängend)*
Geliebte Königinn!

**Penthesilea.** *(indem sie aufsteht)*
O Diana! Warum soll ich nicht? O Diana!
Er stand schon einmal hinterm Rücken mir.

**Meroe.**
Seht, seht! Wie sie Entsetzen faßt!

**Penthesilea.** *(zu den Amazonen, welche die Leiche tragen)*
Halt dort! –
Was tragt ihr dort? Ich will es wissen. Steht!
*(sie macht sich Platz unter den Frauen und dringt bis zur Leiche vor)*

**Prothoe.**
O meine Königinn! Untersuche nicht!

**Penthesilea.**
Ist er's, ihr Jungfraun? Ist er's?

**Eine Trägerinn.** *(indem die Leiche niedergelassen wird)*
Wer, fragst du?

**Penthesilea.**
– Es ist unmöglich nicht, das seh' ich ein.
Zwar einer Schwalbe Flügel kann ich lähmen,
So, daß der Flügel noch zu heilen ist;
Den Hirsch lock' ich mit Pfeilen in den Park.
Doch ein Verräther ist die Kunst der Schützen;
Und gilt's den Meisterschuß ins Herz des Glückes,

So führen tück'sche Götter uns die Hand.
– Traf ich zu nah' ihn, wo es gilt? Sprecht ist ers?

**Prothoe.**
O bei den furchtbarn Mächten des Olymps,
Frag' nicht – !

**Penthesilea.** Hinweg! Und wenn mir seine Wunde,
Ein Höllenrachen, gleich entgegen gähnte:
Ich will ihn sehn!
*(sie hebt den Teppig auf)*
Wer von euch that das, ihr Entsetzlichen!

**Prothoe.**
Das fragst du noch?

**Penthesilea.** O Artemis! Du Heilige!
Jetzt ist es um dein Kind geschehn!

**Die Oberpriesterinn.**
Da stürzt sie hin!

**Prothoe.** Ihr ew'gen Himmelsgötter!
Warum nicht meinem Rathe folgtest du?
O dir war besser, du Unglückliche,
In des Verstandes Sonnenfinsterniß
Umher zu wandeln, ewig, ewig, ewig,
Als diesen fürchterlichen Tag zu sehn!
– Geliebte. hör' mich!

**Die Oberpriesterinn.** Meine Königinn!

**Meroe.**
Zehntausend Herzen theilen deinen Schmerz!

**Die Oberpriesterinn.**
Erhebe dich!

**Penthesilea.** *(halb aufgerichtet)*
Ach, diese blut'gen Rosen!

Ach, dieser Kranz von Wunden um sein Haupt!
Ach, wie die Knospen, frischen Grabduft streuend,
Zum Fest für die Gewürme, niedergehn!

**Prothoe.** *(mit Zärtlichkeit)*
Und doch war es die Liebe, die ihn kränzte?

**Meroe.**
Nur allzufest – !

**Prothoe.** Und mit der Rose Dornen,
In der Beeif'rung, daß es ewig sei!

**Die Oberpriesterinn.**
Entferne dich!

**Penthesilea.** Das aber will ich wissen,
Wer mir so gottlos neben hat gebuhlt! –
Ich frage nicht, wer den Lebendigen
Erschlug; bei unsern ewig hehren Göttern!
Frei, wie ein Vogel, geht er von mir weg.
Wer mir den Todten tödtete, frag' ich,
Und darauf gieb mir Antwort, Prothoe.

**Prothoe.**
Wie, meine Herrscherinn?

**Penthesilea.** Versteh mich recht.
Ich will nicht wissen, wer aus seinem Busen
Den Funken des Prometheus stahl. Ich will's nicht,
Weil ichs nicht will; die Laune steht mir so:
Ihm soll vergeben sein, er mag entflieh'n.
Doch wer, o Prothoe, bei diesem Raube
Die offne Pforte ruchlos mied, durch alle
Schneeweißen Alabasterwände mir
In diesen Tempel brach; wer diesen Jüngling,
Das Ebenbild der Götter, so entstellt,
Daß Leben und Verwesung sich nicht streiten,

Wem er gehört, wer ihn so zugerichtet,
Daß ihn das Mitleid nicht beweint, die Liebe
Sich, die unsterbliche, gleich einer Metze,
Im Tod noch untreu, von ihm wenden muß:
Den will ich meiner Rache opfern. Sprich!

**Prothoe.** *(zur Oberpriesterinn)*
Was soll man nun der Rasenden erwiedern? –

**Penthesilea.**
Nun, werd' ich's hören?

**Meroe.** – O meine Königinn,
Bringt es Erleichterung der Schmerzen dir,
In deiner Rache opfre, wen du willst.
Hier steh'n wir all' und bieten dir uns an.

**Penthesilea.**
Gebt Acht, sie sagen noch, daß ich es war.

**Die Oberpriesterinn.** *(schüchtern)*
Wer sonst, du Unglückseelige, als nur – ?

**Penthesilea.**
Du Höllenfürstinn, im Gewand' des Lichts,
Das wagst du mir – ?

**Die Oberpriesterinn.** Diana ruf' ich an!
Laß es die ganze Schaar, die dich umsteht,
Bekräftigen! Dein Pfeil war's der ihn traf,
Und Himmel! wär' es nur dein Pfeil gewesen!
Doch, als er niedersank, warfs't du dich noch,
In der Verwirrung deiner wilden Sinne,
Mit allen Hunden über ihn und schlugst –
O meine Lippe zittert auszusprechen,
Was du gethan. Frag' nicht! Komm', laß uns gehn.

**Penthesilea.**
Das muß ich erst von meiner Prothoe hören.

**Prothoe.**
O meine Königinn! Befrag' mich nicht.

**Penthesilea.**
Was! Ich? Ich hätt' ihn – ? Unter meinen Hunden – ?
Mit diesen kleinen Händen hätt' ich ihn – ?
Und dieser Mund hier, den die Liebe schwellt – ?
Ach, zu ganz anderm Dienst gemacht, als ihn – !
Die hätten, lustig stets einander helfend,
Mund jetzt und Hand, und Hand und wieder Mund – ?

**Prothoe.**
O Königinn!

**Die Oberpriesterinn.**
Ich rufe Wehe! dir.

**Penthesilea.**
Nein, hört, davon nicht überzeugt ihr mich.
Und stünd's mit Blitzen in die Nacht geschrieben,
Und rief es mir des Donners Stimme zu,
So rief ich doch noch beiden zu: ihr lügt!

**Meroe.**
Laß ihn, wie Berge, diesen Glauben stehn;
Wir sind es nicht, die ihn erschüttern werden.

**Penthesilea.**
– Wie kam es denn, daß er sich nicht gewehrt?

**Die Oberpriesterinn.**
Er liebte dich, Unseeligste! Gefangen
Wollt' er sich dir ergeben, darum naht' er!
Darum zum Kampfe fordert' er dich auf!
Die Brust voll süssen Friedens kam er her,

Um dir zum Tempel Artemis zu folgen.
Doch du –

**Penthesilea.** So, so –

**Die Oberpriesterinn.** Du trafst ihn –

**Penthesilea.** Ich zerriß ihn.

**Prothoe.**
O meine Königinn!

**Penthesilea.** Oder war es anders?

**Meroe.**
Die Gräßliche!

**Penthesilea.** Küßt' ich ihn todt?

**Die erste Priesterinn.** O Himmel!

**Penthesilea.**
Nicht? Küßt' ich nicht? Zerrissen wirklich? sprecht?

**Die Oberpriesterinn.**
Weh'! Wehe! ruf' ich dir. Verberge dich!
Laß fürder ew'ge Mitternacht dich decken!

**Penthesilea.**
– So war es ein Versehen. Küsse, Bisse,
Das reimt sich, und wer recht von Herzen liebt,
Kann schon das Eine für das Andre greifen.

**Meroe.**
Helf't ihr, ihr Ew'gen, dort!

**Prothoe** *(ergreift sie)* Hinweg!

**Penthesilea.** Laßt, laßt!
*(sie wickelt sich los, und läßt sich auf Knieen vor der Leiche nieder)*
Du Aermster aller Menschen, du vergiebst mir!
Ich habe mich, bei Diana, bloß versprochen,

Weil ich der raschen Lippe Herr nicht bin;
Doch jetzt sag' ich dir deutlich, wie ichs meinte:
Dies, du Geliebter, war's, und weiter nichts.
*(sie küßt ihn)*

**Die Oberpriesterinn.**
Schafft sie hinweg!

**Meroe.** Was soll sie länger hier?

**Penthesilea.**
Wie Manche, die am Hals des Freundes hängt,
Sagt wohl das Wort: sie lieb' ihn, o so sehr,
Daß sie vor Liebe gleich ihn essen könnte;
Und hinterher, das Wort beprüft, die Närrinn!
Gesättigt sein zum Eckel ist sie schon.
Nun, du Geliebter, so verfuhr ich nicht.
Sieh her: als *ich* an deinem Halse hieng,
Hab' ich's wahrhaftig Wort für Wort gethan;
Ich war nicht so verrückt, als es wohl schien.

**Meroe.**
Die Ungeheuerste! Was sprach sie da?

**Die Oberpriesterinn.**
Ergreift sie! Bringt sie fort!

**Prothoe.** Komm, meine Königinn!

**Penthesilea.** *(sie läßt sich aufrichten)*
Gut, gut. Hier bin ich schon.

**Die Oberpriesterinn.** So folgst du uns?

**Penthesilea.**
Euch nicht! – –
Geht ihr nach Themiscyra, und seid glücklich,
Wenn ihr es könnt –
Vor allen meine Prothoe –

Ihr Alle –
Und – – – im Vertraun ein Wort, das niemand höre,
Der Tanaïs Asche, streut sie in die Luft!

**Prothoe.**
Und du, mein theures Schwesterherz?

**Penthesilea.**
Ich?

**Prothoe.**
Du!

**Penthesilea.**
– Ich will dir sagen, Prothoe,
Ich sage vom Gesetz der Fraun mich los,
Und folge diesem Jüngling hier.

**Prothoe.**
Wie, meine Königinn?

**Die Oberpriesterinn.**
Unglückliche!

**Prothoe.**
Du willst – ?

**Die Oberpriesterinn.**
Du denkst –

**Penthesilea.** Was? Allerdings!

**Meroe.** O Himmel!

**Prothoe.**
So laß mich dir ein Wort, mein Schwesterherz –
*(sie sucht ihr den Dolch wegzunehmen)*

**Penthesilea.**
Nun denn, und was? – – Was suchst du mir am Gurt?
– Ja, so. Wart' gleich! Verstand ich dich doch nicht.

– – Hier ist der Dolch.
*(sie lößt sich den Dolch aus dem Gurt, und giebt ihn der Prothoe)*
Willst du die Pfeile auch?
*(sie nimmt den Köcher von der Schulter)*
Hier schütt' ich ihren ganzen Köcher aus!
*(sie schüttet die Pfeile vor sich nieder)*
Zwar reitzend wär's von Einer Seite –
*(sie hebt einige davon wieder auf)*
Denn dieser hier – nicht? Oder war es dieser – ?
Ja, der! Ganz recht – Gleichviel! Da! Nimm sie hin!
Nimm alle die Geschosse zu dir hin!
*(sie rafft den ganzen Bündel wieder auf, und giebt ihn der Prothoe in die Hände)*

**Prothoe.** Gieb her.

**Penthesilea.**
Denn jetzt steig' ich in meinen Busen nieder,
Gleich einem Schacht, und grabe, kalt wie Erz,
Mir ein vernichtendes Gefühl hervor.
Dies Erz, dies läutr' ich in der Glut des Jammers
Hart mir zu Stahl; tränk' es mit Gift sodann,
Heißätzendem, der Reue, durch und durch;
Trag' es der Hoffnung ew'gem Amboß zu,
Und schärf' und spitz es mir zu einem Dolch;
Und diesem Dolch jetzt reich' ich meine Brust:
So! So! So! So! Und wieder! – Nun ist's gut.
*(sie fällt und stirbt)*

**Prothoe.** *(die Königinn auffassend)*
Sie stirbt!

**Meroe.** Sie folgt ihm, in der That!

**Prothoe.** Wohl ihr!
Denn hier war ihres fernern Bleibens nicht.
*(sie legt sie auf den Boden nieder)*

**Die Oberpriesterinn.**
Ach! Wie gebrechlich ist der Mensch, ihr Götter!
Wie stolz, die hier geknickt liegt, noch vor Kurzem,
Hoch auf des Lebens Gipfeln, rauschte sie!

**Prothoe.**
Sie sank, weil sie zu stolz und kräftig blühte!
Die abgestorbne Eiche steht im Sturm,
Doch die gesunde stürzt er schmetternd nieder,
Weil er in ihre Krone greifen kann.